후천적
프로페셔널

앞서 나가는 사람의 이기는 법칙 64

후천적
프로페셔널

Professional

나승용 지음

포르체

앞서 나가는
사람의 조건

〈300〉이라는 영화는 페르시아의 '크세르크세스' 황제가 이끄는 100만 대군에 맞서 싸운 스파르타의 왕 '레오니다스'가 이끄는 전사들의 이야기를 다루고 있다. 영화의 제목인 '300'은 전투에 참가했던 스파르타 정예 군인의 수를 의미한다. 당시 스파르타 남성들은 어린아이부터 30세 청년까지 모두 '아고게(Agoge)'라는 의무적인 교육 및 훈련 프로그램을 받아야 했다. 현대에 들어서도 힘든 훈련이나 교육과정을 '스파르타식'이라고 부를 정도이니, 그 수준이 얼마나 혹독한지 짐작할 수 있다. 이러한 스파르타인들인지라 그들은 아시아의 맹주인 페르시아의 속국으로 들어가는 것을 거부하고 전쟁을 택하였다.

영화의 내용을 전부 기억하지는 못하지만 프로페셔널한 군인을 언급했던 장면은 아직도 기억한다. 전쟁에 앞서 연합군과 만나는 자리에서 레오니다스는 연합군 관계자에게 스파르타 군인의 숫자가 너무 적다는 지적을 받는다. 이에 레오니다스는 연합군 병사 몇몇을 가리키며 "너의 전문 직업이 무엇이냐(What is your profession)?"라고 묻는다. 연합군 병사들은 도자기공이나 목공이라고 답한다. 반면, 동일한 질문에 스파르타 군인들은 전원이 웅장한 함성으로 자신의 직업을 대신한다. 이 함성의 의미는 곧이어 레오니다스가 한 말로 파악할 수 있었다. "나는 진정한 용사를 더 많이 데려왔다(I brought more soldiers than you did)."

전문가의 진정한 의미는 무엇일까? 전문가는 영어로 프로페셔널(Professional)이다. Profession은 앞으로(Pro) 나서서 사람들을 향해 말한다(Fess)는 것에 어원을 두고 있다. 특정한 분야에 있어 다른 사람 앞에 나서서 이야기할 수 있을 정도로 식견을 가지고 있는 사람을 프로페셔널이라고 말하는 것이다. 이러한 어원과 궤를 같이하여 나는 세 가지 입장에서 전문가를 정의해 보고 싶다.

첫째, 깊이 있는 식견을 가진 사람이 전문가다. 특정 분야에 오랜 시간 몸담았거나 공부를 했던 사람이라면 탁월한 생각이나 일반인들이 깨닫지 못했던 부분에 대한 지식과 역량을 가지고 있어야 할 것이다. 그리고 이러한 배움과 깨우침을 다른 사람들에게 알기 쉽게 가르칠 수 있는 사람이라야 전문가로서 최소한을 갖췄다고 말할 수 있겠다.

둘째, 옳고 그름에 대해 적확하게 이야기할 수 있는 용기를 가진 사람이 전문가다. 옳은 것을 옳다고 하고 그른 것을 그르다고 하는 것이 쉬운 일인 것 같지만 그렇지 않다. 신변의 위험이나 이익의 강탈 등에 직면했을 때 특히 그러하다.

지식을 공언하기 위해서는 자기가 한 말에 대해 책임을 질 수 있는 상당한 용기가 겸비되어야 한다. 군에서는 각 계급에 걸맞은 보수 교육을 실시한다. 장군으로 진급되어 받았던 보수 교육 중 가장 인상 깊은 내용은 군에서 장군이 된 자는 국가 안보와 국방의 문제에 대해 "No."라고 이야기할 수 있는 자여야 한다는 것이었다. 진정한 전문가는 모두가 옳다고 해도 자신의 판단에 따라 아닌 것은 아니라고 할 수 있는 사람이다.

셋째, 시대적 소명을 구현하는 사람이 전문가다. 어떤 일이든 흐름이 있고, 그 흐름을 주도하는 사람이 있다. 이때 흐름을 주도하는 사람이 가지고 있는 가치관은 조직의 향배에 있어 결정적인 역할을 한다. 이러한 면에서 전문가는 사회적 공익에 관여하거나 국가적 대계를 세울 때 시대적 소명을 구현하고 시대 정신을 선도한다는 책임감을 가져야 한다.

조선이 겪었던 치욕적 역사인 병자호란 당시 단연 돋보이는 인물은 최명길과 김상헌이다. 최명길은 주화파(主和波)를, 김상헌은 척화파(斥和波)를 대표하는 인물이었다. 당시 조선에서는 척화론과 명나라에 대한 의리론이 대세를 이뤘던지라 모든 여건은 최명길에게 불리했다. 그러나 최명길은 비난과 위험을 감수하면서도 사직을 보전하기 위해 전쟁을 피해야 한다는 입장을 끝까지 견지했다. 주화파도 척화파도 그들이 주장하는 바는 달랐지만 그 밑바탕에는 나라를 구하고 백성의 안위를 지키고자 했던 마음이 있었다. 일신의 부귀와 영달이 아니라 오직 국익만을 생각하고 시대적 소명을 다하고자 했던 그들의 충정은 380여 년이 지난 오늘날 우리에게 다른 사람보다 앞서 있는 전문가의 역할이 무엇인지에 대해 곱씹어보게 한다.

결국 전문가는 해당 분야에 대한 깊이 있는 식견을 갖추고 자기가 내뱉는 말에 대해 반드시 책임을 지며 시대적 소명을 구현하는 사람이라고 할 수 있다.

나는 군인으로 사는 34년 동안 수많은 장병을 교육하는 현장에 있었다. 국가의 부름으로 군 복무의 의무를 다하는 그들에게 올바른 국가관과 대적관, 군인관 그리고 인생관을 정립하도록 교육하고 훈육하는 것이 주된 임무였다. 그들의 삶이 군 입대 전보다 더 의미 있고 보람되었으면 좋겠다는 간절한 바람을 가지고 교육의 내용을 다듬고 적절한 사례를 제시하고자 했다. 이 책은 그동안 교육 현장에서 고뇌했던 내용들을 기반으로 전문가가 되는 방법에 대해 연구한 내용을 정리한 것이다. 다른 분들에게도 조금이나마 도움이 되었으면 한다.

차례

3장

프로의 유연성,
틀에 갇히지 않는 방법　　　　　　　　　　　　　87

6장

프로의 일상력,

기회를 놓치지 않는 방법　　　　　　　　　　189

1 장

프로는
혼자
만들어지지
않는다

더 나은 방안들을 끊임없이 모색해 나가는 학습 문화가 창달될 때
우리는 이미 이겨놓고 싸우는 조직이 될 수 있다.

학습하는 문화를 만들어라

좋은 조직이란 동료로부터 많은 것을 배울 수 있는 조직이다. 학교를 예로 들어 보자. 선생님 한 분에게서 한정된 지식을 배우는 조직과 동료나 친구들과 더불어 지내며 시도 때도 없이 배우는 조직 중에 어느 조직이 더 우수하겠는가? 선생님으로부터 지식의 수직적 승계가 이뤄지는 조직과 동료들에 의해 입체적이고 기하급수적으로 지식이 전파되는 조직은 비교할 수가 없다.

이러한 생각은 '학습조직'이라는 개념으로 많은 연구가 되었는데, 그 중 피터 셍게(Peter M. Senge)의 연구가 유명하다. 피터 셍게에 의하면 학습조직이란 '조직의 규범이 개인적 가치에 의해 결정되고, 업무에 대한 의미 부여와 판단은 관리자가 아닌 동료 전문가와의 관계 속에서 이루어지며 조직의 핵심 목표를 문제의 발견과 해결, 그리고 개선을 위한 지식의 습득에 두는 조직'을 말한다. 이러한 학습조직에 서열은 무의미하다. 서열은 하나의 기준으로 사람의 능력을 판단하고 그 결과에 따라 줄 세운 것이다. 그러나 우리가 살아가고 있는 지금의 세상은 하나의 직업, 하나의 기술로는 생존하기에 부족하다. 빠르게 변화하는 시대에 서열이라는 것이 얼마나 큰 의미를 가질 수 있으며 우리에게 얼만큼 유익을 가져다준다는 말인가. 시대에 뒤처진 이야기일 뿐이다. 우리는 조직의 학습력이 우위를 결정하는 유일한 경쟁력인 시대에 살고 있다.

학습조직을 만들기 위해서 생각해야 할 것이 세 가지가 있다. 첫째, 조직을 구성하는 개개인이 비전을 갖도록 만들어야 한다. 학습하는 개인을 통해서 학습하는 조직이 만들어진다. 조직을 이루는 기반은 결국 개인이기 때문이다. 따라서 조직원이 구체적인 비전을 가질 수 있도록 유도하고 그들이 가진 비전에 귀 기울여야 한다. 군대를 예로 든다면 군대를 학습조직으로 만들기 위해서 병사들은 군 생활을 하는 동안 스스로가 달성하고자 하는 목표를 설정하고 부대에서는 이를 달성할 수 있도록 적극적으로 도와줘야 한다.

둘째, 조직원 전체가 동등하게 논의할 수 있는 장을 만들어야 한다. 조직을 운영해보면 특정 계층에만 권한이 주어지고 이들에 의해 조직이 운영되는 경우가 많다. 그러나 구성원들이 진정 원하는 것을 얻기 위해서는 함께 머리를 맞대고 의견을 교환하는 장이 필요하다. 소외된 계층이 생기는 순간 학습조직이 갖는 이점을 기대할 수 없기 때문이다.

군대의 문제점을 병사들의 시각에서 바라보자는 취지에서 병사들이 주체가 되어 군을 진단하는 세미나를 개최한 적이 있다. 세미나를 기획하면서 "과연 병사들이 군이라는 거대한 조직을 제대로 바라보고 진단해낼 수 있을까?" 하는 우려를 했던 것도 사실이다. 그러나 병사들은 정확하게 군의 현실을 파악하고 있었고 군의 발전을 위한 미래지향적인 대책들을 제시하였다. 조직원들은 누구나 우수하다. 단지 이를 활용하지 못하는 지휘부가 있을 뿐이다.

셋째, 구성원들이 소통을 통해 학습하는 문화를 만들어야 한다. 아무리 개인의 역량이 우수하다 하더라도 전체의 역량을 능가할 수 없고, 단편적인 사고로는 종합적인 사고를 이길 수 없다. 구성원들의 소통을 통해 단편적인 사고와 역량을 전체의 것으로 만들어야 한다. 그러나 개인의 역량을 모아서 종합적인 사고로 이어가는 일이 쉽지만은 않다. 이를 위해서는 각 개인이 자신보다 조직의 이익을 우선하고 자신의 행동 양식을 조직의 목적에 부합하는 방향으로 바꾸어야 한다.

군대에서는 금기시되는 몇 가지 이야기가 있는데 그 중 하나가 경제에 관한 문제였다. 말을 고상하게 해서 경제이지 쉽게 말해 돈

버는 것에 대한 이야기는 하지 않는 게 일종의 관례였다. 그래서 사관학교에서 처음 받은 월급을 그냥 월급이라 부르지 않고 녹봉(祿俸)이라 불렀다. 이러한 돈에 대한 금기는 비단 월급에 그치지 않고 부동산이나 땅을 구매하는 것, 주식을 사고 파는 것까지 이르렀다. 이 모든 것들이 개인이 자신의 이익만을 바라보지 않고 조직을 위할 수 있도록 하여 군을 학습조직으로 만들기 위한 암묵적인 규칙이었으리라 짐작해본다.

자신이 속한 조직을 학습조직으로 만들고 전체적인 관점에서 더 나은 방안들을 끊임없이 모색해 나가는 학습 문화가 창달될 때 우리는 이미 이겨놓고 싸우는 조직이 될 수 있다.

조직력은 생존 전략이다

우리 사회에 1인 가구가 늘고 있다. 행정안전부가 발표한 인구 통계에 의하면 2021년 3월 기준으로 1인 가구 비율은 전체의 40%에 이르고 4인 가구 이상 비율은 20% 선이 무너졌다고 한다. 이러한 1인 가구 증가는 디플레이션 시대의 소비 풍속도로서 욜로족의 출현을 재촉했다. You Only Live Once의 약자인 욜로(YOLO)는 '한 번뿐인 인생'이라는 뜻으로, 불투명한 미래를 위해 현재를 희생하기보다 하고 싶은 것을 후회 없이 하면서 살아가겠다는 사람들을 말한다.

경제적으로 자립해서 빠른 시기에 은퇴하려는 사람들도 많이 늘어나고 있다. 이른바 '파이어족'의 출현인 것이다. 파이어(FIRE)란 '경제적 자립, 조기 퇴직'이라는 뜻을 가진 'Financial

Independence, Retire Early'의 첫 글자를 따서 만들어진 신조어다. 파이어족들은 최대한 젊은 나이에 은퇴하기 위해 극단적으로 절약하며 자신의 삶을 통제한다. 그런데 욜로족과 파이어족은 시기의 차이는 있을지언정 가급적 사회로부터 격리하여 자신만의 삶을 즐기겠다는 공통점을 갖고 있다. 외형적으로는 극과 극의 라이프스타일로 보이지만 그 내면에는 가급적 사람들로부터 멀찍이 떨어져 자신만의 세계를 구축하겠다는 묘한 교집합을 가지고 있는 것이다.

욜로족이나 파이어족이 되고자 하는 선택은 궁극적으로 자신의 삶을 행복으로 이끌고자 하는 것이다. 하지만 개인의 행복만을 좇아 사회와 격리를 자처했을 때 자칫 삶의 의미를 잃을 수 있고 결코 사회적으로 건강해지기 어렵다. 물론 이러한 주장에 대해 욜로족이나 파이어족은 다른 사람에게 피해를 주지 않고 내 인생을 즐기겠다는데 무슨 문제냐고 말할 수도 있겠다. 그러나 인간의 삶은 그물망처럼 연결돼있고 다른 사람과의 관계성 속에서 내 삶의 행복도 영속할 수 있다.

인간으로서 살다 보면 혼자는 오래가지 못하고 함께 해야만 오래 갈 수 있다는 사실을 알게 된다. 나는 군이라는 거대한 조직에 있다 보니 자연스레 혼자보다는 함께 하는 방법에 관심을 가질 수밖에 없었다.

인간은 함께하도록 진화해 왔고 이러한 진화는 인류의 생존을 위해서 일어났다. 실제로 뇌과학자들은 인간의 뇌가 커진 이유로 사회성을 꼽고 있다. 혼자 행동하지 않고, 집단이 교류하며 문제를 해결하고 사회적 유대를 강화하며 뇌가 발달했다는 것이다. 호모사피엔스가 등장한 시기를 기원전 5만 년에서 10만 년 사이로 보는데, 그 사이에 호모사피엔스는 네안데르탈인과 일정 기간 공존했다. 당시 네안데르탈인의 뇌용량이 호모사피엔스보다 무거웠고 골격구조도 좋았지만 결국 살아남은 것은 호모사피엔스였다. 네안데르탈인은 사회를 구성하지 않고 홀로 살아간 반면, 호모사피엔스는 동굴에 함께 살며 종족 간 유대를 강화하는 쪽으로 생존 전략을 세웠기 때문이다. 무리 생활을 하는 가운데 자연스레 인류의 뇌는 상대방과 소통하기 위해 사회성을 강화하는 쪽으로 진화의 방향을 틀었다. 이렇듯 함께 하는 힘은 거창한 인류애가 아니라 생존의 결과물이다.

하지만 함께해야 한다는 당위성만을 내세운다고 해서 사람들이 이를 따르지는 않을 것이다. 욜로족이든 파이어족이든 사회와 끊임없는 교감을 통해 삶의 행복을 배가할 수 있다는 것을 알았을 때 그들의 라이프스타일은 변하게 될 것이다.

사관학교에서 단체 얼차려를 받으면 완전군장을 꾸려 연병장을 뛰어야 했다. 연병장을 뛸 때는 '절차탁마(切磋琢磨)'라는 구호를 외쳤다. 절차탁마는 끊고 갈고 쪼고 문지른다는 의미로 '부지런히 학

문과 덕행을 갈고 닦음을 이르는 말'이다. 처음 이 말을 들었을 때는 단체로 연병장을 뛰고 있는 중이니 일체감을 형성하여 하나가 된다는 뜻으로 이해했다. 빗나가도 한참 빗나갔던 해석이었다. 하지만 욜로족과 파이어족을 지향하는 현 세태에서는 조직력을 절차탁마할 필요가 있다. 인간은 함께할 때 더 뛰어난 능력을 가지고 더 행복할 수 있기 때문이다.

전략은 책상 위가 아니라 현장에 있다

《나는 탁상 위의 전략은 믿지 않는다》는 '사막의 여우'라는 별명을 가진 독일군 장군 롬멜(Erwin J E Rommel)에 대한 일대기를 그린 책이다. 롬멜은 제2차 세계대전 중 아프리카 군단의 사령관으로 기갑 사단을 지휘하여 극적인 승리를 이끌어냈다. 그는 현장을 중시했으며 직접 전차를 몰고 전장을 누비며 적의 약점을 찾아 공격했던 사람이다. 책상 위에서 생각하는 것과 현장을 직접 체험하는 것 사이에는 많은 차이가 있다는 것을 알고 있었기 때문이다.

현장에 위치하여 사안을 바라볼 때 얻을 수 있는 이점은 세 가지가 있다. 첫째, 현장에 나가 보면 미처 생각하지 못했던 문제점들과 그에 대한 해답을 깨닫게 된다. 군부대는 주둔지 경계와 순찰을 강화하기 위해 많은 계단을 설치할 수밖에 없다. 그런데 매일 계단을 이용하는 것 때문에 많은 장병들의 무릎이 나빠지고, 심한 경우 전역 후까지도 어려움을 겪게 된다. 그럼에도 전방 GOP 부대에서부터 제주도를 방어하는 부대에 이르기까지, 장병들의 무릎 건강을 고려해 계단을 만든 부대는 많이 보지 못했던 것 같다.

국립 공주대학교 건축학부 겸임교수 겸 건축 관련 회사를 운영하고 있는 현창용 대표에 의하면 우리가 무심코 오르내리는 계단에는 몇 가지 지식과 약속이 있다고 한다. 계단 각 단의 치수들을 예로 들어보면 우리가 발로 밟는 부분인 디딤판의 깊이는 25cm 이상, 높이는 18cm 이하일 때 우리가 편하게 오르내릴 수 있다고 한다. 이러한 기준에 부합하는 계단을 딱 한 부대에서 발견할 수 있었다. 청와대 외곽을 담당했던 한 중대의 계단이었는데, 계단을 만들 당시 중대장이 직접 현장에서 계단을 밟아보고 제작했다는 이야기를 전해 들었다.

둘째, 현장에 있는 사람들의 현실을 헤아릴 수 있다. 앞서 다뤘던 청와대 외곽 담당 중대장도 직접 순찰로를 돌아보면서 규격이 일정하지 않은 계단이 무릎에 영향을 주는 것을 느꼈을 것이다. 이러한 생각이 병사들을 생각하는 마음으로 이어졌기에 편하게 이용할 수 있는 계단을 만들 수 있었을 것이다. 이렇듯 계단 하나만 보더라도 조직을 위한 마음을 실질적인 변화로 승화시키기 위해서는 현장을 찾아가야 한다는 사실을 알 수 있다.

셋째, 조직의 단합 방안을 마련할 수 있다. 조직을 운영해 본 사람은 행정을 하는 사람과 실무자 사이의 반목이 적지 않다는 사실을 느낄 수 있다. 이라크 전쟁을 지휘했던 미 중부군 사령관 토미 프랭크스(Tommy Ray Franks)는 사병으로 입대하여 대장의 위치에 올랐으며 9·11 테러의 주범인 오사마 빈 라덴(Osama bin Laden)을 검거하기 위한 아프가니스탄 전쟁을 지휘한 입지전적 인물이다. 하지만 그도 럼스펠드(Donald Rumsfeld) 국방장관과 호흡을 맞추는 데는 힘들어했다. 오죽했으면 럼스펠드는 프랭크스 사령관을 "타협을 모르며, 상상력이 부족하고 너무 구식(舊式)"이라 평했으며, 반대로 프랭크스 사령관은 럼스펠드 장관을 "현장을 모르는 책상머리 장관"이라고 표현한 것으로 알려졌으니 말이다.

동일한 사안을 이야기하더라도 현장에 임하는 사람과 상황을 보고받은 사람 사이에는 견해차가 존재할 수밖에 없다. 그러나 기획과 현장 사이에 괴리가 존재한다면 그 누구도 성공을 장담할 수 없다. 아무리 훌륭한 기획이 있다 하더라도 그것이 실행되는 것은 경계를 담당하는 초병처럼 최일선에 위치한 사람에 의해서다. 조직을 단합으로 이끌고자 한다면 늘 현장을 생각하고 그곳으로 달려가라. 거기에 답이 있다.

성공 후를 관리하라

"마상에서 천하를 얻을 수는 있지만, 마상에서 천하를 다스릴 수는 없다(居馬上得之 寧可以馬上治之)." 이는 한 고조 유방에게 그의 최측근이었던 육가가 한 말이다. 육가는 세상을 통일하는 일보다 세상을 다스리는 일이 훨씬 어려운 것임을 강조하면서 진시황을 예로 들었다. 진시황은 자신이 죽고 난 이후 오래도록 제국이 유지될 것을 확신했지만 그런 기대와는 달리 진나라는 10여 년 만에 망하고 말았다.

이는 비단 국가의 문제에만 국한되는 것이 아니다. 개인이나 조직도 성공 신화에 집착하다가 변화에 적응하지 못하고 무너진 사례가 많다. 대한상공회의소가 2021년 3월에 발표한 〈역동적 창업 생태계 조성을 위한 정책제언〉 보도자료에 의하면 한국 창업 기업의 5년 차 생존율은 30%에 미치지 못한다고 한다. 다시 말해 창업 후 5년이 되면 3분의 2 이상의 기업이 문을 닫는다는 것이다. 이뿐만 아니라 최근 조사에 의하면 매출액 기준으로 100대 기업에 속했던 국내 기업 가운데 100년 이상 생존한 기업은 불과 12% 내외라고 한다. 세상에 영원한 것은 없다는 것을 여기서도 확인해볼 수 있는 것이다.

성공한 조직이 왜 오래가지 못할까? 조직의 생명력은 성공하는 것이 아니라 성공 이후 조직 관리법에 의해 결정되기 때문이다. 성공 그 자체보다 성공한 뒤에 어떤 행동을 하는지에 따라 조직이 계속해서 성공한 조직으로 남을지 아니면 사라질지 정해진다.

육군대학 교과목 중에 '공격과 방어 전술'이라는 과목이 있다. 다른 과목들도 그러하겠지만 군의 전술도 정해진 정답이 있는 것은 아니다. 따라서 어떠한 방책을 선택하더라도 그 자체로 오답이 되지는 않는다. 다만 그러한 방책을 선정한 이유와 이에 대한 논리적 설명이 뒤따라야 한다. 인생에서도 선택에는 정답이 없다. 오직 선택 후 행동이 그 선택을 정답이 되게 하기도 하고 오답이 되게 하기도 한다.

개인이나 조직 역시 성공한 이후 수많은 선택의 과정에 직면한다. 이러한 순간에 현명한 선택으로 성공을 영원히 이어가고 싶을 것이다. 하지만 어떤 선택도 그 자체가 결과일 수 없다. 미래의 결과를 만드는 진정한 요소는 선택 후에 이를 관리하는 것이다. 즉, 성공한 조직을 유지하기 위해서는 성공 후를 관리하는 것이 중요하다.

성공 후를 관리해 나가는 데 있어서 고려해야 요소는 크게 내부관리와 외부관리로 구분해서 살펴볼 수 있다. 내부관리는 지도부의 자기 절제와 조직원 간 분배의 문제로 세분화할 수 있고 외부관리는 이질적 요소의 융합과 새로운 영역으로의 확장성 정도로 세분화할 수 있다.

먼저 내부관리다. 지도부의 자기 절제는 조직원 사이의 이익 분배의 문제와 맥을 같이한다. 지도부가 자기 절제를 하지 못하고 욕심을 부릴 때 이익이 불공평하게 분배될 가능성이 크기 때문이다. 성공을 거머쥔 이후 내부관리를 못해 무너진 사례를 들어본다면 유방을 도와 한나라를 건설했던 한신의 이야기를 할 수 있다. 그는 최악의 상황 속에서도 뛰어난 전략·전술로 위(魏), 대(代), 조(趙), 연(燕), 제(齊), 초(楚)의 6국을 멸망시켜 유방이 천하통일을 이루는 데 결정적인 역할을 한 불세출의 영웅이라 할 수 있다. 생사를 넘나들며 유방을 도왔던 한신이 없었더라면 한나라 역시 역사에서 볼 수 없었을 것이다. 한나라 건국 이후 그는 왕으로 봉해졌으나 유방과 여후의 견제와 본인의 처세 문제가 겹치면서 비극적인 최후를 맞이했다.

유방은 한신의 주군이기도 했지만 한편으로는 일대 명장으로서 한신의 재능에 대한 질투를 멈추기 어려웠을 것이다. 거기에 더하여 주변국들을 차례로 평정한 후 왕이 된 한신의 행태를 보았을 때는 질투를 넘어 분노와 공포의 대상으로 한신을 바라봤을 것이다. 이러한 모든 것들이 전란의 시기라면 넘어갈 수 있는 일이다. 하지만 천하가 평정되고 수성의 시기에 접어들었을 경우 공과의 판단은 어떻게 이뤄지겠는가? 제왕의 권력을 위협하는 신하에게는 공보다 과를 우선해서 판단할 것이다.

여후의 극단적인 이기주의 역시도 한신의 비참한 최후에 일조했다. 여후에게 있어 유방이 죽은 후 천하는 당연히 자신의 아들이 가져야 한다고 생각했을 것이다. 하지만 여후의 아들은 그다지 뛰어나지 못하여 천하를 이끌 재목은 되지 못했다. 이에 여후는 어미로서 한신을 죽여 경쟁자를 없애는 방안을 선택했다.

다음은 외부관리에 대해 이야기해보자. 성공을 하면 다양한 조직과 사람을 대하고 이들과 더불어 새로운 세상을 열어야 한다. 그러나 이 과정에서 정관의 치(貞觀之治)를 이루지 못하면 조직은 곧 분열과 나락으로 떨어진다. 현대전의 강자라고 할 수 있는 미군은 2003년 영국군과 동맹을 이뤄 이라크를 침공하였을 때는 91년 1차 이라크 전쟁 때보다 더 많은 폭탄을 쏟아부었지만 고전을 면치 못했다. 엄청난 국방력과 첨단 기술을 통해 초기작전은 승리를 가져

왔지만 이어지는 민사작전이 수월하게 진행되지 않은 것이다.

새로운 영역으로의 확장은 단순히 이윤의 확장만을 의미하는 것이 아니다. 이는 변화에 적응하는 것까지를 모두 포함한다. 변화하는 환경에 적절히 대응하지 못하고 스스로 변화를 주도하지 못했을 때 결국 퇴락을 맞는다.

제국은 말(馬) 위에서 다스려지지 않는다는 말은 현대에도 여전히 유효하다.

가치를 공유하라

세상을 살아가다 보면 많은 사람을 만나고 또 헤어지게 된다. 그
렇다면 사람은 평생 얼마나 많은 친구를 사귈까? 미국의 전설적인
자동차 판매왕 조 지라드(Joe Girard)는 평균 250명 정도의 사람과
지속적인 관계를 형성한다고 말한다. 휴먼네트워크연구소 양광모
소장은 성공을 위해서 반드시 필요한 인맥의 수는 약 42명 정도이
고 충분한 인맥의 수는 195명 정도라고 이야기한다. 이를 통해 사
회학자들이 주장하는 인간관계에 적용되는 파레토법칙을 알 수 있
다. 이는 우리가 지속적으로 관계를 맺고 있는 사람의 20%가 인간
관계에 의해 발생하는 주요한 사건이나 결과의 80%를 차지한다는
것이다. 양광모 소장이 제시한 인맥의 수를 조 지라드가 제시한 수
인 250명에 적용해보면 약 20%인 50명과 양광모 소장이 말한 42

명이 매우 근접하다는 것을 알 수 있다.

이론적인 내용의 옳고 그름은 접어두더라도 인간관계가 우리의 인생을 성공이나 실패로 이끄는 중요한 요인이라는 것만은 확실하다. 미국의 심리학자 데이비드 맥클리랜드(David McClelland)는 자신과 가장 많이 만나는 5명이 인생의 성공에 미치는 영향력의 95%에 해당한다는 연구 결과를 제시한 바 있고, 재무컨설팅업체 대표인 톰 콜리(Tom Corley)는 5년간 233명의 부자를 인터뷰한 결과 그들이 가장 공을 들이는 부분은 인간관계라는 답변을 얻기도 했다.

나 역시도 군 생활을 통해 실로 많은 사람을 만났다. 군 간부의 가장 기본적인 정체성이 사람을 관리하는 것인 만큼 자연스레 진정한 인간관계에 대해 자주 생각하게 되었다. 인간관계는 나이를 먹어감에 따라, 그리고 주어진 상황에 따라 달라지는 것이 당연지사다.

초등학교에 들어가기 전에는 주로 먹을 것을 나눠주는 친구가 좋았던 것 같다. 어린 시절에는 집이 가난했기 때문에 군것질을 할 기회가 없었다. 친구는 아버지가 면사무소에 다녀 시골 살림치곤 부유했는데 친구 집에 가보면 옥수수나 감자 등 먹을 것이 풍부해 부럽기만 했다. 심지어 라면이 한국에 처음 들어온 지 불과 몇 년 되지 않은 시기에 이 친구를 통해 라면을 맛볼 수 있을 정도였으니 너도나도 그 친구와 가까이 지내려고 노력했던 기억이 난다. 또 그

때는 같이 뛰어 놀았던 친구가 가장 좋았다. 단순한 술래잡기에서 부터 자치기나 축구에 이르기까지 놀이를 하기 위해 함께 어울려 다니며 인간관계가 형성되었다. 사관학교 생도 시절 때는 외적인 행동이 멋져 보이거나 운동을 잘하는 생도를 중심으로 사람이 모였다. 그리고 임관한 이후에는 선후배 그리고 동기생들이 한데 어우러지면서 상하좌우 유대관계를 맺어 가는 것을 지켜봤다. 군이라는 조직은 아무래도 진급이 중요한 관계로 진급이나 보직에 영향력을 갖고 있거나 최소한 이와 관련된 정보라도 공유할 수 있는 사람을 중심으로 인간관계가 형성되었다.

나 역시 평범한 인간인지라 조금이라도 역할이 돋보이는 보직을 내심으로 바라며 인간관계에 관심을 기울였다는 것을 부인할 수 없다. 그러나 인간관계라는 것도 상대성이 있기에 그 끈끈함을 유지하기 위해서는 부지런해야하고, 좋은 관계를 유지할 정도의 두뇌 또한 있어야 한다. 구체적으로 상대방의 감정을 읽고 니즈를 파악하기 위해서는 여간 영민해야 하는 것이 아니다. 거기에 더해 관계를 유지하기 위해 꾸준히 연락을 이어가는 부지런함까지 갖춰져야 인간관계를 원하는 방향으로 만들 수 있다. 이런 면에서 사회적 관계망을 토대로 일하는 사람들이나 좋은 인간관계를 형성하고 있는 사람들은 대단한 역량을 가진 사람들이라고 생각하고 있다.

그럼에도 불구하고 진정한 관계를 쌓기 위해서는 결국 가치를 공유해야만 한다는 확신을 가지고 있다. 술과 밥을 사는 것도 젊은 시절의 이야기고, 진급이나 금전적인 이익도 다 일시적인 바람에 불과할 뿐이다. 인간관계의 영속성은 관계를 맺은 사람들이 서로 추구하는 가치가 동일해 같은 곳을 바라봐야만 달성할 수 있다. 나는 이 사실을 세월의 풍파를 겪으면서 알게 되었다. 가치를 공유한 다는 것은 판단의 근거와 중심이 되는 관점을 공유하고 선택의 순간에 같은 결정을 내릴 수 있는 것을 말한다. 그런 사람들과 함께할 때 우리는 가치 중심의 리더십(Valueship)을 이룰 수 있을 것이다.

나는 가치를 공유하는 사람과 가까워지고 싶다. 가치를 공유하는 자가 진정한 친구라 할 수 있다.

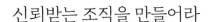

신뢰받는 조직을 만들어라

　인간관계를 형성하는 요소는 여러 가지가 있지만 그중에서 가장 중요한 요소는 '신뢰'다. 서울대학교 권석만 교수는《젊은이를 위한 인간관계의 심리학》에서 신뢰를 "인간관계의 주춧돌"이라고 말했다. 주춧돌의 기능에서 알 수 있듯이 서로가 서로를 신뢰하지 못한 상태에서 이뤄지는 인간관계는 무너져내릴 것이 명확하다. 더불어 나는 이러한 신뢰감이 단순히 인간관계에만 적용되는 것이 아니라 조직의 생존이나 번영에도 지대한 영향을 미친다고 확신한다. 신뢰받지 못하는 개인이나 조직은 오래가지 못할 것이 분명하다. 그런데 요 몇 년 사이 우리 군에 대한 국민의 신뢰가 점점 떨어지고 있는 것 같다.

　나는 1983년도에 사관학교에 입교해서 1987년도에 육군 소위로 임관했다. 생도 생활을 포함하여 38년의 기간 동안 군복을 입고 분단 조국의 군인으로 살았다. 군복을 입고 생활했던 지난 시간을 돌이켜 봤을 때 자부심도 있지만 한편으로는 자랑스럽게 국민들에게 다가가지 못한 부끄러움도 있다. 1980년대 후반에는 군복을 입고 도심을 거닐지 못한 때도 있었고, 군인의 일탈이나 방산비리 같은 군 내부의 여러 문제들로 국민으로부터 지탄과 뭇매를 맞기도 했다. 군인으로서의 삶은 짧은 빛이 있었으나 상대적으로 긴 그림자를 드리웠다.

한 나라의 안보를 책임지는 군이 왜 국민들에게 신뢰를 받지 못하는 상황에 처하게 되었을까? 나는 주어진 직무에 충실하고 해야 할 일을 묵묵히 수행한 것밖에 없는데 왜 이리도 부끄러워해야 하는지 궁금하기만 했다. 6.25 전쟁이 끝나고 70년이 지나가는 시점에서 과거의 군과 현재의 군을 비교했을 때 무엇이 문제일까? 인재가 부족한가? 무기 체계가 약한가? 아니면 국방비가 적은가?

현재 육군을 기준으로 박사학위를 가진 사람이 300여 명 정도이고 이는 우리나라 전체 박사학위 소지 비율에 비해 높다. 무기 체계만 보더라도 대한민국 군의 전투력은 세계 상위권에 위치하고 있다. 한 나라의 군사력을 비교하는 지표인 'GFP 세계 군사력 랭킹'의 집계에 의하면 2020년 군사력 순위에서 한국은 집계 대상 국가 138개국 중 6위를 기록했다. 국방비는 또 어떤가. 2021년 기준으로 국가 전체 예산에서 국방 예산이 차지하는 비율은 무려 14%다. 이렇듯 대한민국 군은 고급 인력으로 충원되어 있고 막강한 국방비를 토대로 세계 선진 대열의 무기 체계를 갖추고 있는 셈이다. 그러나 군 스스로나 국민들이 군대를 바라보는 시각은 곱지 않다.

그렇다면 조직이 신뢰를 얻기 위해서는 어떻게 해야 하는가? 무엇보다 신뢰를 세우는 것을 소명으로 받아들이겠다는 절박함이 있어야 한다고 본다. 《논어》〈안연(顔淵)〉편에 자공과 공자가 정치에 대해 질문하고 답하는 대목이 나온다. "정치의 기본이 무엇입니까?"라는 자공의 질문에 공자는 "식량을 충분하게 하고, 군대를 충분하게 하며, 백성의 믿음을 얻어야 할 것이다."라고 답한다. 그러면서 부득이하게 버려야 한다면 군대와 식량을 버리고 백성의 믿음을 마지막까지 붙잡아야 한다고 강조한다. 백성이 믿지 않으면 국가는 존립할 수 없기 때문이다.

신뢰받는 조직을 만들기 위해서는 신뢰에 대한 깊이 있는 이해가 뒤따라야 한다. 세계적인 신뢰 전문가이자 옥스퍼드대학교 초빙교수인 레이첼 보츠먼(Rachel Botsman)의 저서 《신뢰 이동》에 의하면 신뢰의 측면에서 인간의 역사는 세 부분으로 나눌 수 있다. 첫 번째는 '지역적 신뢰(Local trust)'로 소규모 지역 공동체에서 친숙한 사람들에게 향하는 신뢰를 말한다. 두 번째는 '제도적 신뢰(Institutional trust)'로 신뢰가 계약, 법률 혹은 상표의 형태로 작동하는 일종의 기관들에 대한 신뢰를 말한다. 세 번째는 '분산적 신뢰(Distributed trust)'로 개인들 사이에 수평으로 오가고 네트워크와 시스템을 통해 이루어지는 신뢰를 말한다. 현재 우리 인류는 분산적 신뢰의 초입에 들어서 있다고 볼 수 있다. 이는 지역적 신뢰와 제도적 신뢰를 상실한 결과인 동시에, 과학기술의 발달에 힘을 입은 것이다. 그러면서 레이첼 보츠먼은 신뢰는 사라진 것이 아니고 단지 형태와 대상을 바꿔 이동했을 뿐임을 강조한다.

여기서 조직이 신뢰를 얻기 위한 실마리를 찾을 수 있다. 앞서 레이첼 보츠먼이 말한 것처럼 신뢰는 꼭 단선적으로 진화해 가는 것이 아니라 복합 병존한다. 따라서 군대의 경우 군 간부에게 향하는 신뢰와 군의 시스템에 거는 국민적 기대를 저버리지 않는 가운데 분산된 신뢰를 어떻게 관리하고 획득할 것인가에 대한 고민을 동시다발적으로 해나가야 한다. 잃어버린 신뢰를 다시 얻는 것은 결코 쉬운 일이 아닐 것이다. 그러나 그 무엇보다도 중요한 것은 군 조직이 마지막까지 국민의 신뢰를 붙잡고자 하는 절박함이 아닌가 싶다. 절박함을 가지고 분산된 신뢰를 관리하고자 하는 고민을 할 때 신뢰받는 조직이 될 수 있을 것이다.

군자의 세 번째 즐거움

인생의 세 가지 즐거움을 이야기하면 빠지지 않는 게 공자의 군자삼락(君子三樂)이다. 그런데 이상하다는 생각이 들지 않는가. 배우는 것과 친구가 찾아온 즐거움은 이해가 쉽지만 마지막으로 언급되는 "나를 알아주지 않아도 서운해 하지 않는다."라는 것은 이를 즐거움으로 봐야 하는지, 아니면 군자의 마음가짐으로 봐야 하는지 조금 헷갈린다. 이에 비해 맹자가 이야기했던 군자삼락은 쉽게 수긍이 간다. "부모·형제가 무탈하니 즐겁고", "나의 행동에 부끄러움이 없으니 즐겁고", 거기에 "천하의 영재를 가르치니 즐겁다."는 것이니 당연하다 할 수 있다.

맹자의 세 가지 즐거움 중에서도 영재를 가르치는 즐거움은 거저 주어지지 않을 것이다. 왜냐하면 천하의 영재를 가르치기 위해서는 가르치는 사람이 보통 뛰어나지 않으면 안 되고 영재를 품에 안을 정도로 도량이 크지 않으면 불가능하기 때문이다.

우리는 종종 "지식을 가르치는 선생은 있어도 진정한 스승은 찾아보기 어렵다."라는 말을 듣게 된다. 이는 가르치는 사람의 역량 부족이나 태만으로 인한 것도 있겠지만 한편으로 스승이 자신보다 훌륭한 제자를 만들겠다는 사명과 도량이 없음에 기인한다.

유고슬라비아 군인이자 정치가였던 요시프 브로즈 티토(Josip Broz Tito)는 다민족국가인 유고의 통합을 고수하면서 비동맹 독자 노선을 표방했던 인물이다. 그는 어린 시절 시골 성당에서 미사 집전을 돕고는 했다. 그러던 어느 날 신부가 자신의 예복을 빨리 벗기지 못한 그의 뺨을 때리며 소리쳤다. "당장 제단을 떠나 다시는 돌아오지 마라!" 신부에게 뺨을 맞고 쫓겨난 티토는 그 이후 평생 교회에 발걸음을 하지 않았고 종교를 박해한 공산주의 유고 대통령이 되었다. 그가 만일 자신의 느린 행동을 이해하고 기다려 준 신부를 만났다면 그는 종교를 박해하지 않았을지도 모른다. 진정한 스승을 만나는 것은 한 사람의 인생뿐만 아니라 국가의 명운을 바꿀 수도 있다.

유능한 이의 역량을 높이 사고 그 기량을 마음껏 펼칠 수 있도록 돕지 않는 이유는 무엇 때문인가? 진정한 스승을 많이 보지 못하는 원인으로 세 가지 정도를 댈 수 있을 것 같다. 첫째, 전체 국면을 보는 눈이 없기 때문이다. 조직 안에서 자기들만의 경쟁에 파묻혀 있다면 우수 인재 육성이라는 목표를 생각할 수 없다. 새로운 인재의 필요성은 글로벌하게 활동하면서 조직의 수준을 최일류로 만들어야만 한다는 절박함이 있을 때 생긴다. 일본의 근대화 부흥을 이야기할 때 빠트리지 않는 일본의 마쓰시타 정경숙을 예로 들 수 있다. 마쓰시타 정경숙의 설립자인 마쓰시타 고노스케는 1979년 학교를 설립하며 마음속에 세계에서 용트림하는 일본을 그렸다. 세계적인 일류 국가로 거듭나고자 하는 절박함이 인재 양성의 필요성을 느끼게 한 것이다. 그 결과 일본은 제2차 세계대전에서 패한 후 모든 일본 국민들이 실의에 빠진 상황에서 마쓰시타 정경숙을 통해 많은 인재를 배출하였다. 그리고 이를 통해 국가 재건의 틀을 만들 수 있었다.

둘째, 자기만이 우선시 되려는 자세 때문이다. 일례로 친구 이사(李斯)의 모함 때문에 죽은 한비자의 이야기가 있다. 이사와 한비는 스승 순자에게 동문수학한 사이였으나 재능은 한비가 이사보다 훨씬 뛰어났다. 이사는 이 사실을 인정하면서도 한비에 대한 열등감을 극복하지 못했다. 후일 이사는 진왕(秦王)을 섬겼는데 이 진왕은 한비의 문장을 높이 평가하여 그를 초청했다. 그러자 이사는 자신의 자리가 위협당할 것을 염려하였고 결국 이사의 모함으로 인해 한비는 억울한 죽임을 당하고 말았다. 뛰어난 인재와 다음 세대가 자유롭게 의견을 낼 수 있도록 새로운 환경을 마련해 줘야 함에도 불구하고 자기가 우선시 되겠다는 마음을 버리지 못할 때 우수한 인재를 잃게 된다.

마지막으로 인재 육성에 헌신하는 사람들을 높게 평가하는 문화가 없기 때문이다. 기량이 돋보이거나 탁월한 영재들 뒤에는 반드시 그들을 뒷바라지하고 잠재된 빛을 발하도록 진흙을 닦아냈던 사람들이 있다. 백락과 천리마의 이야기에서 유래하는 백락일고(伯樂一顧)라는 고사성어가 있다. 백락은 당대 최고의 말 감정사였다. 하루는 백락이 소금 수레를 끌고 가는 말을 보고 한탄했다. 천하의 명마가 일개 필부의 수레나 끌고 있었기 때문이다. 이후 백락이 말을 감정하면 사람들은 그 말이 명마인 것을 알고 앞다투어 사려고 했다. 여기서 중요한 것은 천리마라는 명마가 아니라 이를 알아볼 수 있는 백락의 시각이다. 당나라 때 문인 한유가 그의 《잡설(雜說)》에서 "천리마는 언제나 있지만 이를 알아보는 백락은 언제나 있는 것은 아니다."라고 이야기했듯이 인재보다 인재를 알아보는 사람이 더욱 중요하다. 인재를 양성하는 이들의 헌신과 노력이 더 높게 받아들여지는 문화가 정착될 때 사회는 우수 인재를 키우기 위한 추동력을 발휘할 수 있을 것이다.

자기보다 뛰어난 인재를 키워내지 않는 사람은 이미 스스로 인재이기를 포기한 것이다. 공자가 말한 세 번째 즐거움도 어떻게 보면 자신보다 다른 이의 뛰어난 부분이 널리 알려져 자신은 드러나지 않아도 인재를 얻은 사실이 기쁘다는 뜻은 아닐까?

2 장

프로의 생각,
승리를
가져오는
사고의 기법

우리는 수많은 지식과 정보가 도처에 산재한 세상에서 살아가고 있다.
단순히 무언가를 외우거나 정보의 출처를 아는 것만으로
전문가라고 불릴 수 없는 시대에 살고 있는 것이다.

새로운 개념을 만들어라

주변의 사람들과 이야기를 나누다 보면 심심찮게 '어떤 사람이 똑똑한가?'라는 주제가 거론된다. 흥미로운 점은 똑똑한 사람에 대한 평가 기준이 예전과 많이 달라졌다는 것이다. 옛날에는 외우고 있는 것이 많은 사람을 똑똑한 사람이라고 불렀다. 지금은 많이 쓰이지는 않지만 예전에는 아는 것이 많은 사람을 일컬어 '걸어 다니는 백과사전'이라고 칭하고 똑똑한 사람의 전형으로 삼을 정도였다. 이처럼 특정 분야에 대해 지식을 갖고 있다는 것, 즉 똑똑하다는 것은 기본적으로 암기하는 능력을 바탕으로 했다.

이후 시간이 흘러 암기보다 정보를 얻는 소스를 많이 가진 사람이 더 똑똑한 사람이라는 이야기가 슬슬 돌았다. 인터넷이 등장하고 각종 포털의 지식 검색이 일상화고 인간이 암기할 수 있는 지식의 한계가 드러나며 생겨난 변화로 파악된다. 그리하여 지식은 공유하지만 그 출처는 비밀로 보호되어야 하고, 정보의 출처를 물어보는 것은 상도(商道)가 아닌 것처럼 여겨지던 시절도 있었다.

그러나 최근에는 웬만한 지식의 내용이나 출처 그리고 심지어 관련 정보의 소스 코드까지 쉽게 제공받을 수 있다. 길을 찾거나 맛집을 알아내는 단순한 것은 물론 우주의 생성 원리같은 전문적인 지식까지 인터넷 검색엔진을 이용하면 짧은 시간 내에 준전문가가 될 수 있다. 그러니 요즘 세상에서는 어지간한 지식을 갖추고 있지 않다면 조용히 침묵하는 것이 낫다.

그렇다면 이 시대에는 어떤 사람이 똑똑한 사람인가? 나는 지식을 재범주화하고 개념을 새롭게 만들어 내는 사람이라고 본다. 여기에서 재범주화는 '특정 사안에 대해 공통의 특징들을 기존과 다른 틀에서 추출하는 것'을 말하고, 개념은 '말과 글로 표현된 의미 있는 생각'을 이야기한다. 이러한 재범주화나 새로운 개념의 창출에 특화된 사람들을 꼽으라고 하면 시인과 물리학자들을 들겠다. 시인들은 주어진 소재에서 뽑아내는 공통된 특징들을 통해 숨이 막힐 것 같은 문장들과 살아 꿈틀거리는 시어들을 뽑아낸다. 물리학자들 역시도 지식을 재범주화하고 새로운 개념을 만들어내는 것을 통해 인간 사유의 한계를 넘어서는 데 탁월한 사람들이다.

늘 새로운 개념을 만들어내야 한다는 측면에서는 군 역시도 여느 집단 못지않다고 생각한다. 적과의 전투에서 승리하기 위해서는 재범주화나 개념의 새로운 적용이 밑바탕을 이루어야 하기 때문이다. 일례로 화약은 중국에서 가장 먼저 발명되었지만 이를 행사의 흥을 돋우는 폭죽 정도에 쓰는 것으로 만족했던 중국은 미사일 전쟁에서 서구에 우위를 빼앗기고 말았다.

우리는 수많은 지식과 정보가 도처에 산재한 세상에서 살아가고 있다. 단순히 무언가를 외우거나 정보의 출처를 아는 것만으로 전문가라고 불릴 수 없는 시대에 살고 있는 것이다. 오늘날 앞서 나가는 사람이 되기 위해서는 기존의 지식을 재범주화하고 새로운 개념을 만들어 낼 수 있어야만 한다.

지구의 유일한 자연 위성인 달에 대해 생각해보자. 지구와 달 사이의 거리나 중력의 차이 등 달에 관한 제원들을 알고 있을 때 똑똑한 사람이라는 평가를 받을 것이다. 그러나 이것만으로 경쟁력을 갖췄다고 말할 수 없다. 옛 선조들은 하나의 달이 천 개의 강에 비칠 때 수많은 달로 모습을 드러낸다고 하는 월인천강(月印千江)의 심리적 달을 만들어 문학적 유산으로 남겨 주었다. 현대 물리학자들은 물리적인 달을 인공적으로 만들 수 있다는 것을 이론적으로 제시하고 그 축소형의 모델을 눈앞에 선보이고 있다. 달에 대한 풍부한 지식에 더하여 지식을 재범주화하여 심미적 달이 되었든 물리적 달이 되었든 새로운 개념을 창출해내야만 전문가라고 불릴 수 있다.

사고의 틀을 만들어라

세상을 살아가다 보면 예기치 않은 상황에 질문을 받을 때가 많다. 이때, 당황하지 않고 자신의 생각이나 의견을 논리적으로 말할 수 있어야 한다. 그 답변이 한 사람의 역량을 판가름하는 잣대가 되기 때문이다. 그러나 평소에 준비되고 훈련되지 않은 사람이 갑작스레 최고의 논리를 펴기는 쉽지 않다.

짧은 시간에 시를 지어 자신의 목숨을 보존했던 사람이 있다. 그는 중국 삼국시대 위왕(魏王) 조조의 아들 조식이다. 당시 조조에게는 두 아들 조비와 조식이 있었다. 조식은 둘째 아들이었지만 시문에 뛰어났기에 조조의 총애를 한 몸에 받으며 태자 책봉까지도 고려되었다. 그러나 조식의 자유분방한 성격 탓에 결국 후계자는 조비가 되었다. 조비가 위왕으로 등극한 이후 조식은 갖은 박해를 받았다. 어느 날은 조비가 조식에게 일곱 걸음 안에 시 한 수를 짓지 못하면 극형에 처할 것이라고 협박을 했다. 갑작스러운 조비의 협박에도 조식은 차분히 시를 읊고 목숨을 건졌다.

"콩을 삶아 국 끓이는데 메주 걸러 국물 낸다. 콩대는 솥 아래서 타고 콩알은 솥 안에서 눈물 흘린다. 본래 같은 뿌리에서 태어났거늘 어찌 이리도 다급하게 졸여대는지"

이는 많은 사람이 알고 있는 조식의 칠보시(七步詩)다. 형제지간 인 자신을 극단으로 몰아붙이는 행태를 콩대와 콩알로 비유한 것 도 훌륭하거니와 이를 짧은 시간에 지어냈다는 것으로 유명하다.

평범한 사람은 뛰어난 문재(文才)를 가진 조식처럼 한 순간에 시 를 지어 의견을 펼 수 없다. 그렇다면 어떻게 해야 평범한 사람이 갑작스러운 질문에 자신의 논리나 의견을 조리있게 설명할 수 있 을까? 나는 자기 나름대로 '사고의 지가대'를 가져야 한다고 본다. 지가대는 군에서 총기를 거치하기 위해 사용하는 장비로 보통 Y자 형태를 하고 있고 끝은 뾰족하여 흙에 쉽게 꽂을 수 있다. 총기를 거치하는 지가대처럼 우리의 사고를 받쳐 주는 사고의 지가대가 있다면 명료한 논리적 사고를 보다 쉽게 만들 수 있다. 실제 적용할 수 있는 사고의 지가대는 세 가지 정도가 있다.

첫째, 육하원칙이다. 현대 육하원칙은 19세기 말엽 노벨상 수상 작가인 키플링(Rudyard Kipling)의 시에서 비롯되었다고 한다. 어떤 사실을 접했을 때 이 원칙을 사용하면 사안이 명료해지는 것을 느낄 수 있다. 예를 들어 업무를 보고하는 자리라면 일단 무엇을 할 것인가를 정하고, 왜 보고 하는지 이유를 명확히 한다. 그런 다음 언제, 어디서, 누구를 통해 어떻게 했다고 이야기를 풀어나간다면 의사소통에 필요한 정보의 빠짐이 없고 그 활용도 극대화될 것이다. 육하원칙은 초등학교 시절부터 배워서 누구나 알고 있다고 생각하지만 이를 실생활에서 체계적으로 활용하는 사람은 많지 않다. 나는 육하원칙을 우리의 삶 속에 재조명해볼 것을 권한다. "어떠한 일을 이러한 이유로 진행하려고 합니다. 구체적인 진행을 위해 누가, 언제, 어디서, 어떻게 추진하려고 합니다."라고 보고하는 정도로만 육하원칙을 습관화하고 있어도 논리적인 사람이라고 인정받을 수 있을 것이다.

둘째, METT+TC 원칙이다. 여기서 METT+TC는 임무(Mission), 적(Enemy), 지형과 기상(Terrain and weather), 가용 부대(Troops available), 시간(Time), 민간 요소(Civilian considerations)의 앞 단어를 취해서 만든 원칙이다. 이 원칙은 군에서 지휘관들이 작전을 구상할 때 논리성을 유지하도록 하기 위해 만들어졌는데 이를 삶에 적용하여 활용할 수 있다. 가장 먼저, 임무는 수행할 업무나 성과를 내야 할 일이라고 볼 수 있다. 적은 추진하고자 하는 일에 있어서 부정적인 요소를 모두 포함할 수 있다. 지형과 기상은 나의 행동이나 구상을 실현시켜 나갈 공간이나 장소로 해석할 수 있으며 병력의 숫자를 말하는 가용 부대는 활용할 수 있는 제반 자산들로 확대해서 생각해도 무방할 것이다. 시간은 우리 인간이 쓸 수 있는 귀중한 전략 자산 중 하나다. 시간을 수동적인 개념으로 받아들이지 않고 능동적으로 활용할 수 있다면 삶의 주도권을 확보할 수 있을 것이다. 마지막으로 민간 요소는 여러 가지 지원 요소를 의미하는 것으로 이해할 수 있다.

셋째, C-P-A 원칙이다. 이는 인간의 뇌와 감정 연구의 최고 권위자로 평가받고 있는 미국 노스이스턴대학 리사 펠드먼 배럿(Lisa Feldman Barrett) 교수가 인간의 행동 패턴 메커니즘에 대해 설명한 것을 박문호 박사가 간략히 도식화한 것으로 Concept(개념)-Prediction(예측)-Action(행동)을 의미한다.

인간이 행동하기 위한 출발점은 컨셉이라고 할 수 있다. 컨셉이 명확하지 않으면 예측과 행동에 있어 일관성을 유지하기 어렵다. 모든 일이나 특정 사안에 대한 개념, 컨셉을 명확히 하는 것이 곧 예측의 정밀성을 보장하고 행동의 명확성을 담보한다. 컨셉이 갖춰졌다면 인간은 이를 토대로 예측하게 되어 있다. 예측하지 못했던 일을 당했을 때 황당하고 놀라게 되어 있는 만큼 다양한 가능성을 살펴보는 것이 좋다. 예측이 없으면 인간은 환경이나 타인에 종속될 수밖에 없다. 예측까지 이뤄진 후라면 인간은 이제 행동하게 된다. 행동은 개념과 예측을 토대로 일어나는 자연스러운 산물이기 때문이다.

물론 위에서 언급한 세 가지 사고의 지가대가 논리적 사고를 갖출 수 있는 전부는 아니다. 다만 자신만의 사고의 지가대를 가지고 있을 때 우리는 더 자유롭게 행동할 수 있고, 주어진 과제를 보다 쉽게 해결할 수 있다.

세상의 제약에서 벗어나라

미국에는 DARPA(Defense Advanced Research Projects Agency-미 국방고등연구계획국)라는 연구소가 있다. 우리나라 국방과학연구소와 비슷한 업무를 수행하는 곳이다. DARPA가 꼭 군에 관련된 프로젝트만 수행하는 것은 아니다. 때에 따라 국가적인 연구나 인류 공적인 것에도 깊은 관심을 보인다. 코로나19 대유행 상황에 있어서는 이에 대한 해결책을 제시하기 위해 국방성과 보건복지부를 비롯한 관계 기관과 최선의 노력을 쏟기도 했다.

사람들은 DARPA가 '세상에 없는 것을 만들어 낸다.'는 모토를 가지고 있다고 말한다. 그러나 DARPA의 홈페이지 내용과 연구원들이 인터뷰한 내용들을 읽어보면 딱히 정해진 모토는 없는 것 같다. 제2차 세계대전 이후 과학 기술의 중요성을 절감한 미국 정부가 발족한 DARPA는 실패의 우려가 크지만 성공하면 획기적인 변화를 만들 수 있는 과제를 중점적으로 연구한다. 그리고 군 전용 기술뿐만 아니라 여러 대학이나 기업과 협업하여 민간 분야에서도 활용할 수 있는 기술 개발에도 기여했다. 그 결과물은 인터넷, 마우스, GPS 등 혁신적이면서도 실생활에서 빼놓을 수 없는 기술이다. 과거에는 찾아볼 수 없는 혁신적인 기술을 개발했다는 것, 그 기술을 개인이 활용할 수 있도록 상용화했다는 점에서는 DARPA의 성과를 세상에 없는 것을 만들어 냈다고 평해도 좋을 것이다.

세상에 존재하지 않는 것을 만든다는 것은 조직이 지향해야 할 비전으로서 상당히 매력적이게 느껴질 수 있다. 그러나 이 모토를 달성하기는 쉽지 않다. '하늘 아래 새로운 것이 없다.'는 말이 있듯이 인간이 만들어낸 것은 기존의 것을 조합하거나 변형하여 발전시킨 것에 불과하고 인간은 신이 창조한 것들을 감사히 사용하는 것을 우선했기 때문이다. 이러한 제한 사항이 있음에도 새로운 것을 만들기 위해서는 어떻게 해야 할까? 먼저 생각과 능력을 한정시키고 있는 것들로부터 일단 벗어나야 한다. 인간이나 조직이나 일단 틀이 만들어지면 그 안에 갇히게 되고 갇히게 된 이상 이 틀을 벗어나는 것은 어렵기 때문이다.

인간을 제한하는 틀은 크게 세 가지가 있다. 첫째, 감각의 틀이다. 감각은 말 그대로 오감을 통해 외부로부터 들어오는 자극을 알아차리는 것을 말한다. 예를 들어 배가 고프다는 감각에 제한당하는 경우를 보자. 배가 고프면 슬슬 짜증이 나고 분노가 올라오는 것을 느끼게 된다. 그리고 분노라는 감정에 휩싸인 상태가 되면 생각의 범위가 좁아져 올바르게 판단하기 어렵다. 이처럼 감각은 감정을 이끌어 내고 감정은 사고에 개입한다.

감각의 틀에서 벗어나려면 감각을 지연시킬 줄 알아야 한다. 눈에 보이고 귀에 들리며 피부로 느껴지는 감각들을 최대한 지연시키면서 받아들여야 한다. 허기가 질 때 그 허기를 바로 느끼지 말고 감각을 지연시키면 분노를 막을 수 있다. 이렇게 감각을 지연시키고 나면 사유의 세계로 들어갈 수 있다.

둘째, 인식의 틀이다. 인식은 '사물을 분별하고 판단하여 아는 것'으로 고등 동물이 가질 수 있는 특권이자 진화의 산물이라고 말할 수 있다. 언어가 만들어지기 전까지 인간의 의식 수준은 보잘것없었다. 언어가 만들어지고 난 후 비로소 인간의 생각이 꼬리에 꼬리를 물 수 있었으며 사유의 세계 역시 확장될 수 있었다. 그러나 언어가 만든 인식의 틀이 동시에 사유의 한계로 작용하고 있다는 것이 인간이 지닌 비극이다. 인간은 언어가 주는 의미에 갇혀 인식할 수밖에 없기 때문이다. 따라서 우리는 언어를 통해 사유의 세계를 확장하지만 언어가 만든 인식의 틀으로부터는 벗어날 수 있어야 한다. 그래야 창조의 세계로 들어갈 수 있다.

마지막으로 중력의 틀이다. 중력은 질량이 있는 모든 물체가 서로 끌어당기는 힘을 말한다. 질량이 있는 물체 사이에 중력이 존재하기 때문에 우리는 공중에 떠다니지 않고 생활할 수 있다. 중력의 크기는 물체의 질량에 비례하고 우주의 질서는 중력장이 만들어내는 궤도를 따라 이뤄진다. 고전 역학에서는 빛은 질량이 0이므로 중력의 간섭을 받지 않는다고 보았지만 일반 상대성 이론에 의해 빛마저도 중력의 영향을 받아 휘어진다는 것이 증명되었다. 그렇다면 이처럼 모든 것에 영향을 미치는 중력장이 만들어내는 질서에서 벗어나는 방법은 무엇인가? 그 답은 중력장이 끌어당기는 힘에서 벗어날 수 있을만큼 질량을 키우는 것이다. 그래야 행동의 자유를 얻을 수 있다.

인간과의 관계도 중력장 이론으로 접근해 볼 수 있다. 대신 인간 세계에 있어 영향을 미치는 중력장은 행동과 사고에 영향을 미칠 수 있는 기존의 틀이나 주변의 역량이라고 말할 수 있고 사람에 따라 그 기준을 달리 정할 수도 있을 것이다. 우주 공간의 물체가 중력장의 궤도에서 벗어나기 어렵듯이 인간의 삶이나 조직의 활동도 정해진 가치관이나 정책에서 벗어나기 어렵다. 일례로 미군은 지구상에서 가장 많은 국방비를 쓰고 최첨단의 무기로 무장된 군대지만 정작 베트남 전쟁 이후 많은 전쟁에서 최종 승리를 확보하지 못하고 실패했다. 미군의 전쟁 실패를 분석한 여러 보고서를 보면 그 원인을 미국이 '제한된 전쟁'을 수행하기 때문이라고 하는 것을 찾을 수 있다. 제한된 전쟁은 무제한적으로 전쟁의 규모가 커지는 위험을 방지하기 위해 모든 무기와 역량을 사용하지 않는 것이다. 제한된 전쟁을 하는 것으로 정책의 틀이 이미 정해진 상황에서 그 틀에 영향을 받는 미군은 앞으로도 최종 승리를 얻기 힘들 수 있다.

인간의 생각과 능력을 한정시키는 세 가지 틀을 이해하는 것은 세상에 없는 것을 만들기 위해 우리들이 해야 할 최소한이다. 이를 토대로 세 가지 틀로부터 벗어나고자 하는 노력을 지속했을 때 세상에 없는 것을 만드는 일은 신의 영역이 아니라 인간의 영역이 될 수 있을 것으로 보인다.

용어로 지배하라

한마디의 말이나 간단한 용어 하나가 의식 전체를 지배하는 경우를 종종 본다. 이러한 용어의 전쟁이 가장 치열한 분야를 고르라고 하면 역시 광고계가 아닌가 싶다. 각자가 나름대로 좋아하거나 유명한 광고 문구를 하나씩은 기억하고 있을 것이다. 나만 해도 "침대는 가구가 아닙니다. 과학입니다.", "순간의 선택이 십 년을 좌우한다." 등 벌써 몇십 년이 흐른 광고 문구들을 아직도 기억하고 있다.

따지고 보면 인간의 기억은 용어를 기억하는 것이라 해도 과언이 아니다. 기억은 구체적인 내용보다는 약간은 두루뭉술한 개념과 거기에 덧입혀진 감정의 물결이다. 그런데 여기에 용어가 들어가면 상황은 달라진다. 예를 들어 같은 일이라도 구체적인 용어가 없다면 "예전에 어떤 레스토랑에 갔었는데 분위기가 정말 좋았어."라는 희미한 감정만 남지만 "그때 들렀던 레스토랑 이름이 OO이고 함께 만났던 사람이 이러한 말을 했던 것이 생각나."처럼 구체적인 용어를 쓰면 사건을 생생하게 기억할 수 있다. 이렇게 남은 생생한 기억은 우리에게 새로운 의식을 불러일으키기도 한다. 이처럼 용어가 갖는 힘을 알게 되었다면 용어를 만드는 것에 대해 조금 깊게 생각하고 이를 생활에 적극적으로 활용해볼 필요가 있다. 결국 용어를 만들어내는 자가 승리하기 때문이다.

내가 육군 본부 총장실에서 공보 부관으로 임무를 수행하고 있던 당시, 비서실 요원 모두에게 육군을 가장 잘 표현할 수 있는 슬로건을 만들라는 지시가 하달된 적이 있었다. 이런저런 아이디어들이 많이 나왔는데 가장 참신한 내용은 후배 장교가 제안한 '국가방위 중심군 육군'이었다. 현재도 육군은 이 용어를 사용하고 있는데, 해군과 공군 장교들이 이 말을 들으면 육군에 비해 상대적으로 해군과 공군이 축소된 느낌이 든다고 한다. 언어를 통해 기억하는 만큼 언어는 사람들의 생각에 영향을 끼친다. 이를 보면 용어를 만드는 것이 승리하는 길이라는 확신이 생긴다.

그렇다면 우리의 삶 속에 광고 문구처럼 깊은 인상을 남길 수 있는 용어를 만드는 요령이나 노하우는 무엇일까? 나는 두 가지 원칙을 가지고 접근하고 있다. 첫째, 용어가 생활 속에 발을 딛고 있어야 한다는 것이다. 일상의 생활 속에서 느끼는 것들을 자연스레 용어로 연결시킬 때 그 용어는 생명력을 가질 수 있다고 보기 때문이다. 둘째, 사람들의 기억 속에 든 내용들을 끄집어내야 한다는 것이다. 앞에서 기억에는 감정의 물결이 덧입혀진다고 했다. 이 감정의 물결을 건드려주는 용어를 선택했을 때 우리는 인간의 기억 전체에 파도를 일으킬 수 있다. 물론 이 외에도 글자 수를 고려한다거나 라임을 맞추는 것 등 여러 가지 고려해야 할 것들이 많은 것은 사실이다. 그러나 그 무엇보다 중요한 것은 '용어를 만드는 자가 승리한다.'는 사실을 잊지 않는 것이라고 생각한다.

구글과 놀기

《직관의 힘》이라는 책을 통해 아인슈타인 박사가 만든 인생의 성공 공식이 있다는 것을 알게 되었다. 그 공식은 'S=x+y+z'였는데 미지수 각각이 의미하는 바를 글로 풀어보면 '인생의 성공=일+놀이+침묵'이다. 나는 이 공식을 자신이 하는 일에 최선을 다하고 여가 때는 몰입하여 즐기며 침묵하는 가운데 심사숙고하라는 의미로 이해하고 있다. 물리학의 천재로 인정받는 아인슈타인이 물리학에 관련된 공식에 더해 우리의 삶에 대한 성공 공식을 만들었다는게 이채로웠고 인류의 역사상 최고의 지성으로 평가받는 그가 놀이의 중요성을 강조했다는 것도 색다른 의미로 다가왔다. 아인슈타인은 놀이와 일이 갖는 선순환 관계를 명확히 이해하고 있었기에 이런 공식을 도출할 수 있었을 것이다.

노는 것을 단순히 남는 시간으로 생각하지 않고 노는 것을 통해 인생을 풍요롭게 하는 지혜가 필요하다. 특히 코로나19로 인해 우리 생활 전반에 걸쳐 변화가 초래된 작금의 상황을 본다면 여가 시간을 어떻게 보내느냐에 따라 삶의 성공 여부가 결정된다고 해도 과언이 아닐 것이다. 참고로 온라인 분석업체들이 제시한 자료를 보면 코로나19로 인해 집에 있는 시간이 늘어나고 실내에서 할 수 있는 여가활동에 대한 관심도가 높아지고 있다는 사실을 알 수 있다. 더불어 분석업체들은 변화의 중심에 디지털 기술이 자리하고 있고 그에 대한 사회적 요구가 지속될 것이라고 예상하고 있다.

시대적 상황이 이러하다면 나는 가급적 여가활동을 구글(Google)과 더불어 할 것을 제안하고 싶다. 구글은 이미 많은 사람들이 알고 있듯이 우리 인간의 삶에 너무나 많은 영향을 미치고 거의 신의 영역에 도달할 정도로 새로운 가르침을 주고 있기 때문이다.

히브리대학 역사학교수인 유발 하라리(Yuval Noah Harari)가 2017년 《호모 데우스》에서 예언한 미래는 구글이 신이 된 세상이다. 유발 하라리 교수는 죽음의 문제를 푸는 것을 목표로 하는 구글의 자회사 캘리오(Calio)를 그 예로 든다. 이제껏 '삶과 죽음', '영원한 행복' 등은 여러 가지 종교가 우리 인간에게 걸었던 약속이고 동경만 했던 피안의 땅이었다. 그런데 이제는 무지개 너머의 삶을 인간이 직접 이 세상에 이식하기 시작했다.

오늘날 우리는 빅데이터 기술에 의해 개인의 취향이나 욕망까지도 파악되어 원격 조정되고 있다고 해도 과언이 아니다. 오죽했으면 "구글은 내가 모르는 나의 흔적이나 과거까지도 알고 있다."라고 말하는 사람도 있다. 실제 구글 지도를 켜고 왼쪽 상단의 메뉴를 클릭해 '타임라인'을 선택하면 내가 언제 어디서 어떤 일을 했는지를 상세히 알 수 있다. 나도 모르는 사이에 모든 일정과 행동의 패턴이 고스란히 구글로 전송되어 켜켜이 쌓이고 있는 것이다.

그렇다면 이제 정말 신이 되어가고 있는 구글을 어떻게 대하면 좋을까? 인간과 신의 관계가 인간이 신을 대하는 태도에서 의미를 찾을 수 있듯이 구글을 대하는 우리의 태도에서 그 방법을 모색할 수 있다. 제일 이상적인 태도는 구글과 함께 놀고 좋은 친구가 되는 것이다.

이를 위해서는 무엇보다 구글과 자주 접촉하는 것이 좋겠다. 국내의 뉴스나 여행 정보 등은 국내 포털을 이용하는 것이 용이하고 정보도 많다. 그러나 학술 검색이나 전문적인 정보를 찾기 위해서는 구글의 웹브라우저를 이용하는 것이 유리하다. 이를 고려하여 검색창을 설정하고 늘 정보의 바다에서 헤엄칠 준비를 해야 한다. 그 다음은 검색어를 선정하는 역량을 높일 필요가 있다. 인터넷 검색은 검색어를 무엇으로 넣느냐에 따라 보여지는 정보들의 수준이 확연히 달라지기 때문이다. 예를 들어 'Us army operation(미군 작전)'을 치면 몇 가지 정보를 제공한다. 반면에 'Us army multi domain operation(미군 다영역 작전)'을 검색하면 미 육군 훈련교리 사령부(TRADOC)를 포함해서 '다차원 작전'에 관한 상세한 정보들이 제공되는 것을 볼 수 있다. 다음은 검색어에 의해 보여주는 수많은 정보들을 효과적으로 분류한다. 나 같은 경우 정보가 제공되면 일단 메뉴바에 있는 '이미지'를 클릭하여 제공되는 정보와 내가 원하는 정보와의 일치 여부를 훑어 내려간다. 그런 다음 필요한 이미지를 추가로 살펴보면서 더 찾아야 할 정보의 깊이를 가늠해 본다. 이후 더 자세한 정보는 전체 정보로 되돌아가서 찾으면 되는 것이다. 마지막 단계로 검색할 정보가 최종 선정되었다면 이를 다운 받아 저장해 놓고 유형별로 분류하여 자기 것으로 만들면 나중에 활용하기에 편리하다.

이제까지 언급한 검색 방법을 이용한다면 처음 접하는 분야라 할지라도 웬만한 정보를 손에 넣을 수 있게 된다. 심지어 연세가 많으신 나의 노모께서도 구글을 통해 정보를 얻는다. 언젠가 노모께 동네 어르신이 군에 병사로 입대한 손자가 부사관에 선발되는 방법을 알려 달라고 오셨다고 한다. 어떻게 답하셨는지 궁금하여 여쭤보니 "입대한 후 5개월이면 부사관에 응시할 수 있는 자격이 주어지는데 근무하고 있는 부대에서 선발 일자를 결정하니 손자에게 직접 확인하는 것이 빠를 것이다."라고 답하셨다고 한다. 어떻게 아셨냐고 여쭈니 "인터넷에 다 나와!" 하신다. 구글과 친구처럼 지내는 방법을 터득하면 나 또한 신이 될지도 모를 일이다.

편집＋상상력＝창의력

학위논문이나 기고문을 쓸 때 염려 되는 것 중 하나는 표절에 관한 문제다. 실제 타인의 아이디어를 복제해서가 아니라 내 생각을 정리해서 썼는데도 표절했다는 오해를 받는 것에 대한 두려움이 크다. 표절률을 점검하는 프로그램이 표절 여부를 판단하는 일반적인 기준은 어절 6개, 문장 1개다. 그렇기에 전달하려는 의미가 비슷하더라도 단어를 조금 바꾸어주면 표절률이 낮아진다. 이를 통해 결국 표절률은 어휘의 편집에 달려있다는 생각에 도달하게 된다.

그러나 다양한 단어를 활용해 표절률을 낮췄다고 해서 우수한 논문이 만들어지지는 않는다. 논문에 창의력을 더하려면 편집에 상상력이 덧입혀져야 한다. 창의적인 편집을 잘 활용한 직업으로 PD가 최고라고 생각한다. 동일한 영상이나 문장도 어디에서 끊어주는

지에 따라 전하고자 하는 메시지가 달라지는 것을 언론을 상대하는 사람이라면 누구나 경험했을 것이다. 일부 방송 프로그램에서 전혀 다른 리액션 장면을 붙여서 극적인 상황을 연출해내는 '악마의 편집'도 편집과 창의력이 만들어낸 결과물이다. 어찌 됐든 언어나 상황을 상상력을 더해 편집하면 창의적인 결과물을 만들어 낼 수 있다는 사실을 알 수 있다.

그렇다면 편집과 상상력이 왜 중요할까? 이는 인간의 뇌 기능과 관련이 크다. 뇌에는 약 1천억 개의 신경세포가 있으며 1개의 신경세포는 평균 1만여 개의 시냅스를 통해 다른 신경세포와 닿아있다. 시냅스는 신호를 전달할 신경세포와 전달받을 신경세포 사이의 연결부위를 의미한다. 그러하기에 뇌 활동이 뭐냐고 묻는다면 '시냅스에서 일어나는 총체적인 현상'이라고 말해도 틀리지 않다. 이 때 흥미로운 점은 뇌는 개념을 이루는 의미를 분산하여 저장한다는 사실이다. 말하자면 사물의 이름과 그 기능을 별도로 저장하는 것이다. 이렇게 봤을 때 뇌의 주요 기능은 분산된 기억을 결합하는 것이다. 여기서 기억 결합 속도는 암기력의 문제이고 결합하는 경우의 수는 창의력의 문제라고 할 수 있다.

우리 주변에도 편집에 상상력을 더해서 이윤을 창출하는 조직이 많다. 배달의 민족, 직방, 우버, 알바천국 등 연결성으로 돈을 버는 앱이 그렇다. 배달의 민족은 고객이 찾아가던 맛집을 반대로 원하는 곳에 배달시켜 준다는 생각으로 성공했다. 직방은 부동산에 대한 맞춤형 서비스를 제공한다는 것으로 승부를 걸었다.

언어도 편집 측면에서 접근해볼 수 있다. 일례로 영어와 한국어를 비교해 봤을 때 두 언어는 계통이 완전히 다르는 것을 알 수 있다. 언어의 계통이 다르다는 의미는 어순이 반대라는 뜻이다. 이외에도 두 언어 사이의 극명한 이질적 요소를 파악하고 언어를 배우면 더 쉽게 언어를 익힐 수 있다. 영어는 문장 구조로 의미가 결정된다. 주어는 앞에, 동사는 주어 다음에, 그리고 동사의 영향을 받는 목적어는 동사 다음에 놓는다. 반면 한국어는 어휘, 특히 조사의 선택으로 의미가 달라지고 동사를 다양하게 활용한다. 주어에 붙을 조사와 목적어에 붙을 조사가 따로 정해져 있되 단어 순서는 바뀌어도 상관이 없다. 이렇게 봤을 때 영어가 더 구조적이고 정해진 구조에 영향을 받는 언어라는 것을 알 수 있다.

물론 한 언어를 편집이라는 개념 하나로 전부 파악할 수는 없다. 그러나 인간은 언어를 쓰면서부터 '상징'에 대한 보편성을 획득했다. 상징은 맥락을 벗어나면 의미가 없기 때문에 편집이라는 관점으로 언어를 공부하는 것이 틀리다고 볼 수는 없다. 맥락은 결국 전후좌우 편집에 의한 연결 과정이기 때문이다. 언어나 인생이나 편집에 상상력을 더해 창의적으로 만들 수 있다.

간명의 원칙

전술 공부를 처음 하면 배우는 것 중 하나로 '전쟁의 원칙 (Principle of war)'이 있다. 이 전쟁의 원칙은 영국의 풀러(John Fuller)라는 사람이 예로부터 전해진 전쟁에 관한 원칙을 오늘날과 같은 틀로 만든 것이다. 현재 각 나라별 전쟁 원칙도 파고 들어가 보면 풀러의 내용을 기초로 하여 일부 내용을 수정한 것이라고 말할 수 있다.

미국의 경우에는 1949년 미 육군의 〈야전근무규정(U.S. Army Field Service Regulation)〉에 아홉 가지의 전쟁 원칙을 선정하여 지금까지 사용하고 있다. 이는 목표(Objective), 공세(Offensive), 집중(Mass), 병력 절약(Economy of force), 기동(Maneuver), 지휘통일 (Unity of Command), 보안·경계(Security), 기습(Surprise), 간명성

(Simplicity)으로 구성되어 있다. 한국군은 처음에는 미군의 것을 그대로 사용했으나 여기에 정보, 창의, 사기 등의 무형적인 요소를 추가했다.

이러한 전쟁 원칙 요소 중 간명성의 원칙은 "완전한 이해를 보장하기 위해 명확하고 단순한 계획과 명쾌하고 간결한 명령을 준비하라."라고 설명되어 있다. 이 간명성의 원칙은 전쟁뿐만 아니라 삶에도 유익함을 줄 수 있다.

첫째, 오해와 혼동을 줄인다. 이는 불순한 의도의 개입을 방지한다는 의미도 있다. 어떤 글이나 기사들을 보면 가끔 논리 전개가 일관성이 없고 장황한 수사로 덧입혀져 무슨 말을 하려는지 이해하기 어려운 것들이 있다. 이러한 글들은 대체로 글쓴이가 해당 주제를 잘 모르거나 불순한 의도를 가지고 주제에 대한 논점을 일부러 흐리는 경우가 많다.

둘째, 누구나 쉽게 이해한다. 오해와 혼동을 줄이면 이해하기 쉬운 것은 당연하다. 무코야마 요이치가 지은 《아이들이 열중하는 수업에는 법칙이 있다》라는 책에 아이들에게 뭔가 지시를 할 때도 "하나의 지시당 15초 이내에 해야 효과가 있지만 더 좋은 지시는 10초 이내로 한정하고 그것도 눈에 그려지도록 지시해야 한다."라는 대목이 있다. 간단 명료한 지시는 어린아이도 이해시킬 수 있다.

셋째, 조직의 효율성을 제고할 수 있다. 간명함은 조직의 규칙과 질서를 유지하고 이를 통해 효율성을 높일 수 있다. 어떤 학자는 동서양의 과학 기술의 차이가 무게와 키를 정의하는 데서부터 비롯됐다고 주장한다. 그분의 논거인즉, 무게란 '저울로 잰 것' 길이란 '자로 잰 것'으로 기준의 선정이 단순명료해야 하는데 여기에 복잡한 개념이 추가되어 과학적 사고를 저해한다는 것이었다. 이 주장에 동의한다. 간명함에서 오는 효율성으로 서양은 과학 이론을 빠르게 검증하며 기술의 발전을 가져올 수 있었다.

그렇다면 우리가 간명함은 어떻게 해야 얻을 수 있는가? 첫째, 짧고 간결하게 말하고자 노력해야 한다. 말이 길어지면 핵심이 흐려지고 실수나 오해가 늘어날 수밖에 없다. 보고서는 짧게 정리하고 아무리 긴 서사라도 한 줄로 정리하는 연습이 필요하다. 둘째, 생각을 감각적으로 표현하도록 노력한다. 생각은 꼬리를 물어 길어지기 십상이다. 따라서 길게 늘어진 생각을 추슬러 한번 들으면 머릿속에 그려지도록 감각적으로 말하는 연습을 해야한다. 셋째, 아름다운 표현법을 찾는다. 아름다움은 대칭성에 바탕을 두고 있다. 대표적인 사례로 황금비율이 있다. 황금비율은 어떤 길이를 두 부분으로 나누었을 때 전체와 긴 부분의 비율과 긴 부분과 짧은 부분의 비율이 같다. 수치적으로는 긴 부분과 짧은 부분이 1.6 : 1라는 대칭성을 갖고 있다. 이뿐만 아니다. 우리가 광고 카피에 중독되는 이유는 대칭이나 대조 등 언어가 주는 구조적 아름다움을 광고 카피가 갖추고 있기 때문이다.

이처럼 간명한 말은 아름답고 내용에 힘을 실어줄 수 있다. 간명한 언어로 불화와 오해를 불식하고 서로 존중하는 것을 통해 세상이 한층 더 아름다워졌으면 좋겠다.

생존을 향한 외침, Communication

커뮤니케이션(Communication)이라는 단어는 의사소통이라고 쓸 때보다 영어로 쓸 때 단어가 가지고 있는 본래의 뜻이 더 명확히 드러나는 것 같다. 커뮤니케이션이란 말은 '함께 나눈다.'라는 뜻의 라틴어인 Communicare에서 유래한다. 이 어원을 보면 커뮤니케이션은 단순히 자신의 의도를 전달하는 것이 아니라 사람들과 더불어 공감을 만들어나가는 과정이라는 것이 느껴진다.

이처럼 사람들과 함께 공감대를 만들어 간다는 측면에서 커뮤니케이션은 '생존 그 자체'라는 생각이 든다. 인간은 함께 어울려 살아가야만 하기에 커뮤니케이션을 빼놓고 인간의 삶을 생각할 수 없다. 언어가 만들어지기 전의 인류는 몇 마디의 외침이나 손발짓을 통해 위험 요소가 있다는 정보를 주고받았을 것이다. 이 또한 정보를 함께 나누는 커뮤니케이션이라고 할 수 있다. 한 마디로 커뮤니케이션은 생존을 위한 외침으로 시작되었다.

이후 인류가 진화하고 커뮤니케이션 수단이 발달하는 과정에서도 생존을 위한 커뮤니케이션의 기능은 지속되고 있다. 커뮤니케이션은 생존의 터널을 빠져나와 의사소통으로서의 진화를 거듭했지만, 생존을 향한 외침이라는 본질에는 별반 차이가 없다. 여전히 커뮤니케이션으로 인해 피아(彼我)가 만들어지고 마음에 앙금이 진다. 그리고 오늘날 커뮤니케이션은 막대한 경제적 이익이나 손실을 만들어내기도 하니 이로 인한 고통은 생존의 불안에서 느끼는 것과 별반 다르지 않다.

그렇다면 어떻게 커뮤니케이션해야 우리의 삶을 보다 나은 방향으로 이끌어갈 수 있을까? 이를 위해서는 무엇보다 사고하는 능력(The way of thinking)을 갖추는 것이 필요하다. 광운대학교 미디어커뮤니케이션학부 이종혁 교수가 KAA저널에 기고한 〈ESG 경영시대, 지속 가능한 마케팅 커뮤니케이션 전략〉에서 사고하는 능력의 단계에 대해 알아볼 수 있다.

"질 좋은 커뮤니케이션을 위해서는 사고하는 능력 3단계를 갖추는 것이 좋다. 즉 3C를 갖추는 것이다. 제일 처음이 자신에 대해 비판적인 사고를 하는 Critical Thinking(비판적 사고), 그다음이 새로운 것을 도출하는 Creative Thinking(창의적 사고), 마지막이 타인과 함께 협력하는 Collaborated Thinking(협력적 사고)이다."

먼저 비판적인 사고는 크게 나눠 세 가지 사고 오류에 빠지지 않도록 노력해야 한다는 것이다. 여기서 세 가지 사고 오류는 고정관념과 자기중심적 사고, 그리고 단선적 사고다. 한 번 인지한 정보는 잘못된 것이더라도 바꾸기 쉽지 않고 자기만의 잣대로 판단을 내리기 쉽다. 그래서 자신이 고정관념에 사로잡혀 있지는 않은지, 독단으로 흐르고 있지는 않은지, 복합적인 사고를 어느 정도 하고 있는지 등을 스스로 살펴야 한다.

다음으로 창의적인 사고 측면에서 커뮤니케이션의 역할이다. 커뮤니케이션은 그 본질이 공감인데 이는 자발적인 동기를 불러일으킨다. 그리고 개인이나 조직간 좋은 커뮤니케이션을 통해 동기부여가 될 때 비로소 창의적 사고가 발현될 수 있다. 성공한 사람들의 회고에서 종종 주변에서 스쳐 지나듯 던졌던 한마디의 말 때문에 삶의 방향이 바뀌었다는 이야기를 들을 수 있다. 나 역시도 그러한 경험을 가지고 있다.

국민학교 2학년 어느 수업 시간에 구구단을 배웠다. 칠판에 써있는 구구단을 자세히 보니 규칙이 있다는 것을 깨달았고 한두 번 읽은 것만으로 쉽게 외울 수 있었다. 마침 선생님께서 어떻게 빨리 외웠는지를 물어보시고 "승용이는 산수에 재능이 있는 것 같으니 더욱 노력해라."라는 말씀을 해주셨다. 7살에 이르게 입학하여 반 아이들에게 기죽어 있던 내게 선생님의 칭찬은 나를 우쭐하게 만들어 더 열심히 공부하는 계기가 되었다. 그 이후로 산수뿐만 아니라 다른 과목들도 뭔가 패턴이나 쉽게 암기되는 방법을 찾아보면서 공부에 흥미를 가졌다.

마지막으로 협력이다. 커뮤니케이션은 단순히 일방적인 외침이나 연설이 아니다. 커뮤니케이션은 상대에게 목적을 알리고 함께 하자고 전하는 소통이다. 이 때 중요한 것은 상대가 필요로 하는 것을 충족시킬 수 있는지 여부다. 하지만 여기에만 얽매일 필요는 없다. 목적을 위해 협력하는 과정에서 필요한 것을 충족시킬 새로운 방법을 찾을 수도 있고 서로가 서로의 부족한 부분을 채워줄 수도 있기 때문이다. 이렇게 때로는 목적을 향한 커뮤니케이션만으로도 원하던 것을 달성할 수 있다.

커뮤니케이션은 삶을 향한 외침이고 그 외침을 수용할 방법을 찾아가는 몸부림이다.

기억이 있어야 생각이 있다

주위에 나이가 들면서 건망증이 생겨 물건을 잃어버리는 일이 잦아졌다고 하는 사람이 늘었다. 나 역시 예외일 수 없다. 스마트폰을 택시에 두고 내리거나 양복 안주머니에 지갑을 넣다가 빠뜨려 잃어버린 경험도 있다. 요즘 우리가 잃어버리지 않도록 가장 조심하는 것은 스마트폰이다. 자신과 관련된 정보가 몽땅 스마트폰 하나에 저장되어 있기 때문이다. 그렇지만 가만히 생각해보면 진정 잃어버릴 것을 걱정해야 할 것은 기억이 아닐까 싶다. 기억을 잃으면 인간은 전부를 잃는다고 해도 과언이 아니다.

기억은 사고의 출발이고 근간이다. 그러나 우리나라 학생들은 공부를 할 때 기억보다 논리를 우선시하는 경향이 있다. 예를 들어 학생들은 A와 B를 합쳐서 C가 도출되었다면 이들 사이에 어떠한 인과관계나 논리가 있는지 확인하는 것을 가장 우선으로 한다. 그러나 정작 중요한 것은 A와 B에 대한 '핵심적 지식'과 A와 B에 관련한 '팩트(fact)'들이다. 지식이 많이 쌓이면 두뇌 속에서 논리가 만들어지고, 핵심적 지식과 팩트의 종합을 통해 관점을 가질 수 있는 것이다. 그래서 기억이 가장 중요한 것이다.

그렇다면 어떻게 기억을 붙잡을 수 있을까? 에델만(Gerald Edelman)의 의식 모델은 인간의 기억이 형성되는 과정을 설명한다. 먼저, 감각계를 통해 받아들인 자연의 신호에 인간의 감정이 개입되면서 범주화가 이뤄진다. 범주화는 감각 작용이 여러 차례 들어와 '덩어리'화 되는 것을 말한다. 범주화된 내용은 연합 피질을 거쳐 1차, 2차 감각 피질까지 감각의 회로를 따라 계속 순환한다. 이러한 과정을 거쳐 무의미한 배경들이 연결되었을 때 비로소 전체가 하나의 장면이 된다. 이후 발음을 담당하는 브로카(Broca) 영역과 소리나 단어를 담당하는 베르니케(Wernike) 영역에서 시간에 관한 의식이 가미되고 두정엽과 측두엽 그리고 전두엽 등에서 고차의식이 형성된다. 인간의 뇌에서 가치의 범주화가 이뤄진 이후 우리가 일상에서 사용하고 있는 언어의 세계로 넘어가며 논리적 사고가 일어나고 범주화된 내용들은 대뇌피질 등에 저장되어 기억이 된다.

다소 장황하게 설명된 지금까지의 내용을 통해 알 수 있는 것은 자연의 신호를 받아들인 다음 감정의 개입이 있어야 범주화가 시작된다는 것이다. 즉 감정이 없으면 정보를 범주화할 수 없어 기억을 만들 수 없다. 따라서 오래 기억하고 싶은 일에는 긍정적인 감정을 더해 그 기억을 강화해야 한다. 그리고 기억을 불러올 수 있는 연결고리가 될 지식을 많이 쌓아두어야 한다. 기억은 기존에 알고 있는 힌트를 연결하고 이를 통해 두뇌의 이곳저곳에 흩어져 있는 지식들을 불러와 만들어지기 때문이다. 이렇게 하여 일단 기억이 만들어지면 나중에 생각으로 돌아온다. 결국 기억이 우선이다.

쓰는 것이 법이다

내 어머니께서는 팔순이 다 되어 가시는데도 늘 새로운 것에 도전하신다. 지난해 말 운전면허증을 반납하셨지만, 어머니 연세까지 운전하는 분을 주변의 어르신 중에서는 보질 못했다. 스마트폰으로 손주들에게 이모티콘을 보내시는 것은 일도 아니다. 그처럼 열정을 가지고 새로운 것을 배우는 어머니의 모습에서 스스로를 돌아보게 되었다.

이런 어머니께서 자주 하시는 말씀 중 하나로 "쓰는 것이 법이다."라는 것이 있다. "쓰는 것이 법이다."라는 말을 풀어 설명하자면 '필요한 것을 용도에 맞춰 채워 가는 것'이라고 할 수 있다. 어떤 일을 할 때, "어머니, 이렇게 하시는 것이 어때요?"하면 "알았다만, 쓰는 것이 법인 것이다."라고 답하신다. 처음에는 고집이 세셔서 그러시나 했었다. 그러나 일을 마치고 결과를 보면 정말 쓰는 것이 법일 수 있다는 생각이 든다. 직접 그 일을 해보면 새로운 방법으로 진행해도 부족하거나 문제되지 않기 때문이다.

인간이 다른 동물과 차별되는 요소 중 하나는 '성장기 기간'이다. 《루시, 최초의 인류》라는 책에 의하면 "사람의 경우 아기가 어른으로 성장하는 데 15년 이상이 걸리는데, 이처럼 성장기가 긴 것은 독립하기까지 그만큼 부모와 사회에서 배워야 하는 것이 많기 때문"이라고 한다. 인간은 성장하면서 많은 것을 배우고 익히는 존재라 할 수 있는데 거의 죽는 순간까지 배움이 계속된다고 해도 과언이 아니다. 나 역시도 배움에 대한 욕구가 다소 큰 편에 속하는데, 배우거나 가르침을 얻었던 지난 시간을 돌이켜 봤을 때 배우는 방법을 달리했더라면 좋았을 것이라는 아쉬움을 많이 갖고 있다.

운전과 코딩을 예로 들어보고자 한다. 먼저 운전만 해도 그렇다. 지금이야 거의 자동 기어를 쓰고 있지만 수동 기어를 쓰던 시절에 제일 어려운 것은 언덕 위를 주행하다가 멈춰서는 것이었다. 그러나 통상의 운전 연습은 주행을 하고 브레이크를 밟고 신호를 따르는 내용들로 채워진다. 그러다보니 정작 언덕 위에 차가 설 때 시동이 꺼지는 상황을 어떻게 방지하는지는 배우지 못했다. 그 결과 면허를 취득한 후에도 운전을 다시 배워야 했다. 그런 만큼 클러치와 엑셀러레이터를 동시에 밟아 뒤로 밀리지 않으면서 정지 상태를 유지하는 지점을 찾는 것을 제일 먼저 알려주면 어땠을까 하고 생각해본다.

코딩도 그렇다. 보통 컴퓨터 언어를 배우고 실습 코딩을 한 다음 실무에 적용한다. 하지만 이러한 코딩 학습 수순을 따라가다 보면 시간이 너무 많이 걸려 지치게 마련이다. 더구나 어느 정도 컴퓨터 언어를 배웠다 하더라도 실무에 관한 내용을 코딩하고 분석하기 위해서 업계에 필요한 사항들을 다시 배우는 경우도 많다. 그래서 코딩을 쉽게 익히기 위해서는 차라리 자기가 꼭 활용해야 할 분야를 정하고 거기에 필요한 프로그램을 가져다가 따라 해보는 방법이 나을 수 있다고 생각한다.

물론 세상의 각 분야별로 전문가가 넘쳐나고 일에 따라 접근하는 효율적인 방법이 다를 것이다. 그러나 기존의 방식이나 일반론적인 방법으로 그 효과를 담보하지 못한다면 당연히 더 나은 방법을 다시 찾아봐야 한다. 이런 면에서 가장 중요하고 핵심적인 사항 위주로 전체적인 틀을 맞추는 것을 우선으로 하고 거기에 맞춰 필요한 것을 채워나가는 접근 방법은 좋은 학습 방법이 될 수 있다.

3 장

프로의
유연성,
틀에 갇히지
않는 방법

경쟁하는 상대가 정복할 수 없는 상대라면
차라리 우회하는 방안이 오히려 좋은 선택이 될 수 있다.

전승불복戰勝不復,
언제나 같은 방법으로 이길 수 없다

　우리는 성공한 사람들의 이야기에 많은 관심을 가진다. 특히 보통 사람들은 경험하지 못할 역경을 딛고 승리를 거머쥐는 이야기는 특별한 미사여구 없이도 감동을 주기에 충분하다. 성공 스토리에 대한 애착은 다른 사람의 이야기에만 국한되지 않는다. 사람들은 스스로가 쌓은 성공에도 깊은 애착을 가지며 무언가를 이뤄낸 방법론에 집착하고 같은 방법으로 또 성공하길 바란다. 하지만 같은 강물에 두 번 발을 담글 수는 없다. 사람들은 영원한 만능 해결책을 원하지만 이 세상에서 영원한 것도, 어디에나 통용되는 만능 열쇠도 없다. 모든 것은 흐르고 변화하기 때문이다.

　《손자병법》에서는 이를 '전승불복(戰勝不復)'이라는 개념으로 설명한다. 전승불복은 《손자병법》〈허실(虛實)〉편에 수록된 말로 '전승불복 응형무궁(戰勝不復 應形無窮)'이 완전한 개념이다. 전쟁의 승리는 반복되지 않으니 무궁한 변화에 유연하게 대응해야 한다는 손자의 말처럼 전쟁에서 승리는 반복되지 않는다. 영원한 승자도 없다. 그렇기에 늘 주어진 여건과 상황을 살펴 적합한 방안을 적용해 나가는 것이 상책이다. 어제의 승리에 도취되어 오늘도 같은 방법으로 문제를 해결하려 하면 그 전쟁은 패배로 끝날 수밖에 없다.

사관학교 시절 클라우제비츠(Carl von Clausewitz)의《전쟁론》을 배우면서 마음에 와닿았던 단어는 '군사적 천재'였다. 말 그대로 전략과 전술에 천재적인 역량을 지닌 군인을 말하는 것으로 그는 나폴레옹을 군사적 천재의 적합한 예로 들고 있다. 나폴레옹을 연구한 사람들에게 그가 전쟁에서 승리할 수 있었던 주요 원인를 꼽으라고 하면 하나같이 '융통성의 발휘'를 꼽는다. 나폴레옹은 전투를 치르기 전에 적어도 수십 가지 이상의 상황을 상정하여 머릿속에 넣어 두었다가 그때그때 상황에 적합한 전투 수행 방법을 구사했다. 그러나 그도 말년에는 독불장군이 되어 틀에 박힌 전술관을 고집해 결정적인 시기에 패배를 맞이하고 말았다.

나폴레옹의 러시아 원정은 대실패로 기록되었다. 러시아에 입성할 때까지만 해도 그의 천재성은 빛을 발휘했다. 실제로 당시 진격 속도는 훗날 독일군이 기계화 군단을 앞세워 진격했을 때도 달성하지 못했을 정도였다. 보통 전쟁에서 비극의 시작은 전투의 승리를 전략적 승리로 연계하지 못했을 때 발생한다. 나폴레옹은 전투에서 승리하고 모스크바를 점령하면 러시아가 협상에 나설 것으로 판단했다. 그러나 러시아는 드넓은 지형과 혹한을 통해 나폴레옹군을 장기적으로 상대하고자 했기에 꿈쩍도 하지 않았다.

이처럼 전략 구상이 잘못되었을 때는 빨리 기존의 전략을 접고 새로운 수단을 강구해야한다. 그러나 그는 실수를 인정하지도, 새로운 작전을 구상하지도 않은 채 러시아의 협상 사절이 오기만을 기다렸다. 그 결과 러시아의 동장군으로 인해 나폴레옹군은 출정 병력의 10분의 1만 살아 돌아올 정도로 처절하게 패배했다. 승리에 취해 새로운 변화에 적응하지 못했을 때 나폴레옹 같은 군사적 천재도 패배의 치욕을 맛볼 수밖에 없다. 그래서 전승불복은 삶을 성공으로 채우기 위해 마지막까지 지녀야 할 화두(話頭)인 것이다.

검이 짧으면 더 생각하라

'검이 짧으면 일보 전진하라.'는 말은 불리한 조건을 이겨내고 소기의 목적을 달성하고자 할 때 자주 활용된다. 이 문구를 들을 때 면 스파르타와 로마가 떠오른다. 스파르타는 강한 군대를 가졌지만 고대 그리스의 패권을 장악하지 못했고 로마는 불리한 조건을 이겨내고 세계적인 제국으로 성장했기 때문이다. 스파르타는 소수의 스파르타 시민과 다수의 노예로 구성된 도시 국가였다. 이들은 성장하기 위해 극단의 통제와 궁핍을 토대로 한 군국주의로 나아갔다. 이러한 사회에서 개인은 오직 조직을 위한 수단에 불과했으며 생존하기 위해 어떠한 극한 상황이라도 이겨내야만 했다. 스파르타는 페르시아 제국과 아테네를 이기고 그리스 폴리스의 맹주로 떠올랐지만 불과 몇 세기를 버티지 못하고 테베와의 전쟁에서 참패

하며 역사의 뒤안길로 사라졌다.

반면 로마는 출발 당시 테베레(Tevere) 강 언덕 위에 자리 잡은 조그마한 부족 국가에 불과했다. 로마인은 유럽의 여러 민족 중에서 체격도 작은 편에 속했으니 결코 강한 나라를 만들기에 우수한 조건을 갖추었다고 말할 수 없었다. 하지만 로마군은 열악한 조건을 강한 훈련과 군사 개혁을 통해 극복하고 천 년의 로마제국을 이뤄냈다. 로마군은 군사 대형을 슬림화함으로써 융통성과 유연성을 확보하고 원형의 방패를 사각의 방패로 바꿔 단결력과 힘의 결집을 최대치로 끌어올렸다. 대신해서 사각 방패가 주는 공격의 부족함을 글라디우스라는 양날 단검을 도입하여 보완했다.

여건과 상황이 불리할 때 이를 이겨내는 방법에 대해 생각해볼 필요가 있다. 검이 짧다고 해서 단지 일보 전진만을 강요해서는 소기의 목적을 달성하기 쉽지 않다. 조직원의 역량을 최대치로 끌어내고 시너지 효과를 내기 위해서는 로마군처럼 시스템과 방법을 과학적으로 설계하여 적용하는 지혜가 필요하다. 부족한 조건을 보완하기 위해 조직원 개인을 자극하며 정신력을 강조하는 것은 분명 효과가 있을 수 있지만 이를 오랫동안 지속하기는 어렵다.

모 방송국 관현악단장은 어떤 음악을 연주하느냐에 따라 지휘를 하던 도중에 춤도 출 정도로 유머와 능력을 고루 갖추고 있다. 그에게 몇 차례 부대 공연 지원을 받았는데 횟수를 더하면서 이런저런 개인사를 주고받는 사이가 되었다. 그렇게 어느 날, 부대 공연을 하기 위해서는 상당한 준비가 필요하고 부담감 역시 만만치 않다는 이야기를 들을 수 있었다. 전문가로서 어설픈 공연을 진행할 수는 없고 그렇다고 적은 예산에 화려한 조명이나 많은 악기를 가져올 수도 없어 최대한 지혜를 짜내 둘 사이의 조화를 맞추는 것이 쉽지 않다는 것이었다. 그러면서 덧붙인 이야기가 지금도 내 삶의 금언이 되고 있다. "성공하는 사람은 방법을 찾고 실패하는 사람은 이유를 찾는다." 그 말을 듣고 보니 부대 공연을 위해 부족한 여건에도 그나마 사용할 수 있는 것을 그때그때 적절히 활용하고 있다는 것을 새삼 알게 됐다. 부대 방송실 앰프를 이용하는 것은 기본이고 교회의 피아노를 활용하기도 하며 조명이 필요할라치면 장병용 손전등도 이용해 공연을 진행했다. 어찌 보면 어설픈 것 같지만 공연은 늘 성공적이었고 반응은 뜨거웠다.

부족한 조건 속에서도 이를 극복한 지혜를 발휘한 것을 본 일이 또 있었다. 생도 2학년 때 하계 군사 훈련의 일환으로 야간에 지도 한 장을 가지고 정해진 목표물을 찾아 집결지로 모이는 훈련을 한 적이 있다. 분대 단위로 이뤄진 훈련은 목표물을 전부 찾으면 잠시나마 취침할 수 있는 시간을 가지고 못 찾을 경우는 바로 다음 날 일과로 이어졌다. 취침시간을 확보하기 위해 저녁 식사는 전투 식량으로 대신하고 최대한 시간을 절약하기로 하였다. 그런데 이 식사 선택이 문제가 되었다. 전투 식량은 건조된 쌀을 불리고 양념을 넣어 쉽게 만들 수 있지만 대체로 짠 편이다. 그날 저녁도 마찬가지였다. 먹을 때는 잘 몰랐는데 목표물을 찾아서 몇 개 산을 넘다 보니 온몸은 땀에 젖고 목이 말라왔다. 당시 각자 수통 하나에 물을 채워 출발했는데 불과 2~3시간만에 물이 떨어졌다. 시간이 흐를수록 갈증은 더해져 말 그대로 갈증과의 싸움이었다. 그런데 얼마 정도의 시간이 더 흘렀을까? 한 생도가 수통을 꺼내면서 한 모금씩 마시라는 이야기를 했다. 구세주가 따로 없었다. 충분하지는 않았지만 일단 갈증을 해소하고 나니 여기저기서 질책성 질문이 이어졌다. "야! 물 있었으면 진작 내놔야지!" 그 생도는 이렇게 말했다. "야! 나도 물은 진작 떨어졌어. 다만 이동하면서 풀잎에 맺힌 이슬을 손수건으로 훑어서 그 물을 저장했을 뿐이야." 모두가 놀랐다. 주어진 상황과 여건을 활용하는 지혜를 몸소 체험했던 순간이었다.

문과적 사고와 이과적 사고

나에게 있어 깨트리고 싶은 고정관념 중 하나는 문과적 사고와 이과적 사고를 구분하는 것이다. "문과라서 숫자에 약하다.", "이과라서 전체를 통찰하는 능력이 부족하다."라는 말을 들으면 과도하다 싶을 정도로 반론을 제기한다. 그러다 보니 누가 나에게 "전공이 어떻게 되시나요?"라고 물으면 "석사 때는 계량행정을 전공했고 박사 때는 빅데이터 분석을 통해 논문을 썼습니다."라고 길게 설명한다. 이처럼 전공에 관해 답할 때 굳이 '계량'이라는 말이나 '빅데이터'라는 말을 붙이는 것은 문과와 이과를 구분하는 사회적 풍토에 대한 나름의 반항이다.

사람들은 은연중에 숫자나 통계, 물리학 등을 이야기하면 거기에 뭔가 신비한 것이 있고, 이런 내용을 말하는 사람은 차원이 다른 사람들이라고 생각하는 경향이 있는 것 같다. 그러나 생각해보면 인간의 뇌에 문과와 이과의 구분이라는 것이 어디 있겠는가? 문과적 사고와 이과적 사고는 우리 사회가 애써 양분한 문화적 산물이고, 우리들이 스스로를 문과적 사람이나 이과적 사람으로 세뇌시킨 결과일 뿐이다.

1937년 신경과학자 제임스 파페츠(James Papez)는 이성을 주관하는 대뇌피질과 감정을 담당하는 변연계 사이의 연결 통로가 있다는 '파페츠 회로(Papez circuit)'이론을 처음으로 주장했다. 간략하게 요약하면, 그는 기억을 주관하는 해마가 자율 신경계와의 연결 되어있기 때문에 감정에도 영향을 준다고 생각했다. 이 이론을 바탕으로 많은 과학자들이 연구한 결과, 정서를 담당하는 편도체와 장기기억을 담당하는 해마 사이의 연관이 있다는 것이 밝혀졌다.

파페츠 회로가 우리에게 주는 중요한 시사점은 감정의 선과 기억의 선이 서로 연결된다는 것이다. 즉 기억은 감정과 함께한다. 흔히 감정적인 사람에게 문과적이라고 하고 기억을 통해 논리를 전개하는데 능한 사람에게 이과적이라고 하지만 결국 인간의 두뇌에 문과와 이과적 뇌의 구분은 없는 것이다. 다만 교육 제도가 문과와 이과를 나눠서 교육을 시행하다 보니 자연스레 그러한 인식이 생겼다고 생각한다.

그렇다면 문과적 사고와 이과적 사고의 융합을 위해서는 어떻게 해야 하는가? 먼저 자기의 전공과 반대되는 분야를 자주 접해야 한다. 나는 고등학교 때도 문과였고 사관학교 전공과목도 어학 계통이어서 이공계 과목과는 거리를 둘 수밖에 없었다. 그런데 군에서 제공하는 위탁교육을 통해 대학원 과정을 이수하면서부터 상황이 달라지기 시작했다. 우리나라 1세대 컴퓨터교수면서 동시에 계량행정학을 전공한 교수님께 지도를 받으며 자연스레 통계를 비롯하여 이과 과목들을 다시금 접하며 흥미를 갖게 됐다. 수리적 방법론을 통해 사회의 문제점을 분석하고 숫자를 통해 해결책을 제시하는 것이 사람들을 설득하는데 훨씬 유용하다는 것을 알고 나니 이와 관련된 지식을 자주 대하게 되고 결과적으로 이과 과목들이 차츰 좋아지게 되었다.

또, 어떤 사안을 바라볼 때 문과적인 관점과 동시에 이과적인 관점으로 바라보려 노력해야 한다. 쉽게 말해서 인문학적 통찰과 논리적인 분석을 같이 가져가 보는 것이다. 이렇게 접근하면 문제나 사안이 훨씬 선명하게 다가온다는 장점이 있다.

몇 년 전 사격장에서 유탄으로 용사가 사망한 불행한 사건이 있었다. 당시 사고가 일어났던 사격장은 산의 밑자락을 평평하게 하여 만든 사격장이었다. 표적은 사격하는 곳에서부터 약 200m 떨어진, 더 높은 지대에 위치했다. 부대에서는 상향식 사격장임을 감안하여 표적 뒤에 방호벽을 세웠기 때문에 사고 초반에 사망 원인에 대한 의견이 분분했다.

이 사고가 일어난 원인을 알고 해결하기 위해서는 융합적인 사고가 필요하다. 먼저 이 상황이 발생한 이유를 논리적으로 분석해야 했다. 사고 방지 차원에서 미리 방호벽을 설치했음에도 불구하고 사고가 발생한 이유는 방호벽의 높이 때문이었다. 사격하는 지점이 동일하더라도, 총을 겨눈 총구의 각도에 따라 총알이 도달할 수 있는 위치가 천차만별이다. 그런데 설치된 방호벽은 총알을 막을 수 있는 최대 높이보다 낮았기 때문에 사고가 발생한 것이었다. 수리과학적 분석을 바탕으로 원인을 알아냈다면, 그 이후는 인문학적 통찰이 필요하다. 훈련이 이뤄지는 사격장에서 사망 사건이 발생한 만큼 전반적으로 군의 사격장 실태를 파악해야 했다. 사고 원인을 파악하고 인명 사고를 방지하는 것은 유족을 위해서라도, 그리고 국가과 군 부대를 믿고 국방의 의무를 다하는 용사들을 위해서라도 반드시 진행해야 하는 일이다.

그 어떠한 말로도 위로가 될 수는 없지만, 불의의 사고로 유명을 달리한 용사의 명복을 빈다.

머릿속에 실험실을 세워라

생도 2학년 때 같은 중대에 소속된 생도의 누나가 우리나라 암산왕으로 유명했다. 질문자가 숫자를 부르는 속도와 같은 속도로 정답을 토해내는 모습을 보면 놀랍기도 하고 부럽기도 했다. 요즘도 각종 TV 프로그램에 암기왕이나 암산왕이라는 사람들이 장기를 선보이는 것을 보면 두뇌의 한계에 대한 관심은 여전한 것 같다. 이들은 머릿속으로 주판을 만들어 계산을 하거나 쉽게 기억해 낼 수 있는 연결고리들을 만들어 거기에 기억할 내용들을 걸쳐놓는 방법들을 사용한다고 한다.

이렇듯 머릿속으로 틀을 만들고 이를 통해 원하는 바를 추론하는 방법으로 '사고실험'이란 것이 있다. 암기나 암산과는 약간 다른 면이 있지만 실제 행동이나 실험을 하지 않고 머릿속으로만 추론하여 실시한다는 점에서는 비슷하다고 할 수 있다. 사고실험은 원래는 물리학이나 철학에서 이론을 세우거나 예측을 할 때 사용해 왔다. 아인슈타인이 시간이 절대적인 개념이 아니라 관측자의 운동 상태에 따라 달라지는 상대적인 양이라는 것을 밝혀낸 것도 바로 사고실험을 통해서였다.

사고실험은 이제 다양한 분야에서 행해지고 있다. 이러한 사고 실험은 실험을 하는 사람에 따라 그 목적과 방법이 각양각색일 수 있다. 철학자들도 자신이 말하고 싶은 것을 논리적으로 뒷받침하기 위해 사고실험을 많이 활용하고 있는데 실제로 이는 철학에서 핵심적인 사유의 진행 방식으로 자리 잡았다. 경영학도 예외는 아니다. 몇 년 전에 경영학계에서는 '프리토타입(Pretotype)'이라는 것이 유행했다. 이는 특정 서비스나 제품, 공간을 상용화하기 전에 시장 반응을 확인하는 소비자 테스트의 일환이다. 이러한 프리토타입과 유사하지만 다른 개념으로 '프로토타입(Prototype)'이 있다. 말 그대로 시험 삼아 만들어보는 물건을 말한다. 이 모든 것들을 사고 실험의 시장(Market) 버전으로 생각해도 되겠다. 미리 만들어봐서 소비와 이윤이 따르면 실제 생산으로 들어가면 되는 것이기 때문이다.

이러한 사고실험은 비단 천재들의 전유물이 아니다. 누구나 사고실험으로 원하는 바를 얻을 수 있다. 그러나 사고실험이 일상에서 활발히 이뤄지기 위해서는 몇 가지 과정을 거쳐야 한다. 이를 '컨셉을 통한 사유 여행'이라고 이름 지어도 좋겠다.

첫째, 가정의 단계다. 가정을 정확히 짚어내면 역량과 제약을 파악할 수 있다. 군에서는 작전계획을 세울 때 빠지지 않고 가정을 제시한다. 예를 들어 병력은 얼마로 유지되고 적은 어떤 행동을 할 것이고 동맹군은 어떤 형태로 지원이 가능할 것인지 이런 유의 내용들을 전제로 작전 계획을 세워나가는 것이다. 이러한 작전 계획이 일반적인 청사진과 다른 점은 바로 이 가정에 있다. 청사진은 가정이 전제되지 않은 생각의 나열이지만 작전 계획은 가정을 전제하여 구체적인 실행력이 뒤따른다.

둘째, 최종 상태를 생각해보는 단계다. 최종 상태가 확실히 선정되면 일을 추진해 나갈 방향성과 우선순위가 명확히 드러나고 업무 수행에 집중할 수 있다. 이러한 최종 상태는 간단명료하게 언급해야 한다. 그렇게 해야 누구나 쉽게 이해할 수 있고 명령을 수용하는 과정에서 혼돈의 가능성을 줄일 수 있기 때문이다.

가정과 최종 상태가 설정되었다면 마지막으로 거쳐야 할 단계는 최종 상태를 향해 사유 여행을 하는 것이다. 우리가 여행을 떠나기 위해서는 이동을 위한 수단이 필요하듯이 가정에서 출발하여 최종 상태에 도달하는 사유 여행에는 컨셉이라는 티켓이 필요하다. 컨셉은 가정을 기초로 최종 상태를 만들어내기 위한 엄격한 사유의 과정이어야 한다. 컨셉은 미술 작품의 도안(圖案)이라고 할 수 있다. 컨셉이 잘 잡힌 복안이나 계획서는 그 자체로 이미 업무의 완성이라고 말할 수 있다. 도안을 따라 미술 작품이 완성되듯이 일의 수행은 컨셉이 제시하는 지침에 따라 진행되는 순차적 과정에 불과하기 때문이다.

확률에는 불가능이 없다

확률은 어떤 사건이 일어날 가능성을 의미한다. 학교 수학시간에 다뤘던 확률은 또다시 수학적 확률과 통계적 확률로 나눠서 설명을 할 수 있다. 수학적 확률은 해당 사건이 일어날 경우의 수를 전체가 일어날 경우의 수로 나눈 값을 이야기하는 것으로 이론에 가깝다. 통계적 확률은 실제 시행해본 결과에 기초한 확률로 현실이라고 말할 수 있다. 확률이 우리에게 주는 이점은 시행해 본 경우의 수를 늘려갔을 때 통계적 확률은 수학적 확률에 가까워진다는 것이다. 다시 말해 현실에서 어떤 일이 일어날 가능성을 수학적 확률을 통해서 예측해 볼 수 있다는 것이다.

그러나 확률도 미시세계에서 사건이 일어날 가능성을 예측하는 데는 전혀 도움이 되지 않는다. 미시세계는 원자보다 작은 입자들의 세계인데 여기에서는 우리가 생각하는 것과 다르게 입자들이 움직이기 때문이다. 대표적인 예가 전자의 이중슬릿 통과 실험이다. 이중슬릿을 전자가 통과하도록 하면 전자는 입자이기 때문에 구멍을 통과한 부분에만 두 개의 줄무늬를 만들 것이라고 예측할 수 있다. 그런데 놀랍게도 이중슬릿을 통과한 전자는 마치 한 개의 전자가 두 개의 구멍을 통과한 것처럼 파동의 모습으로 나타났다. 이러한 현상의 이유에 대해 알아보기 위해 감시 장치를 추가했을 때 이중슬릿을 통과한 전자에서 파동의 모습은 보이지 않게 되었다. 이 실험을 통해 전자가 입자와 파동의 모습을 동시에 가지고 있다는 사실이 밝혀졌다. 이후 수백 개 원자가 결합된 거대한 물질인 생체 분자도 이 특성을 동일하게 가지고 있다는 사실이 밝혀졌다. 이 실험 결과로 우리는 인간을 포함한 모든 물질들이 관측하지 않는다면 오직 파동으로써 존재하는 상태라고 추측할 수 있다.

이러한 과학적 실험이 우리에게 주는 함의는 무엇인가? 첫째, 세상의 일을 양분화해서 사고하는 것은 가급적 지양해야 한다. 모든 것이 명확한 것 같은 세상에도 분명 불확실하고 우리의 상식이 아예 통하지 않는 부분이 존재한다.

둘째, 불가능하다는 말을 지양해야 한다. 보통 어떤 일이 불가능하다고 이야기 하는 이유는 지식이나 지혜가 부족하기 때문이다. 그러나 오늘날의 우리는 과학기술이 진보하고 여러 사람의 지식과 지혜가 합쳐지며 가능성을 향해 나아가고 있다. 더구나 우주의 모든 물질이 관측되기 전까지 오직 확률로써만 존재하는 것이라면 시각을 조금만 넓게 우주로 향하면 이 세상에 가능성이 열려있는 것이다. 모든 것이 가능성을 가진 확률로 접근할 수 있다면 불가능을 이야기하는 것은 틀릴 확률이 훨씬 높기 때문이다.

마지막으로 스스로 의미를 부여하면서 살아가야 한다. 아무리 모든 것이 확률로서만 존재한다고 하더라도 지금, 이 순간 내가 존재한다는 것만큼은 부인할 수 없는 사실이다. 아울러 이러한 나의 존재와 행위는 자신이 의미를 부여할 때만 비로소 의미가 생긴다. 이중슬릿 실험에서 전자가 인간이 관측을 하는 것으로 인하여 파동이 아니라 입자로 존재할 수 있듯 스스로 우리의 삶에 의미를 부여해야만 정체성을 확보할 수 있다. 모든 것이 확률로 존재할지라도 "내가 그의 이름을 불러주었을 때 그는 나에게로 와서 꽃이 되었다."라는 시구처럼 빛깔과 향기에 알맞은 의미를 부여할 때 우리는 하나의 온전한 꽃으로 존재할 수 있을 것이다.

정복할 수 없다면 우회하라

리더십에 대해 이야기할 때 종종 일본 전국시대의 세 사람이 언급되고는 한다. 오다 노부나가, 도요토미 히데요시, 도쿠가와 이에야스가 그 이야기의 주인공들이다. 이들은 같은 시대를 살았지만 추구했던 삶의 궤적이 달라 우리나라 사람들에게도 관심의 대상이 된다. 이들의 모습을 에도시대의 정형시(詩)인 하이쿠에서는 '울지 않는 두견새'를 대하는 모습에 빗대어 그리고 있다. 오다 노부나가는 칼로 새의 목을 치고, 도요토미 히데요시는 어떻게든 새를 울게 만들며, 도쿠가와 이에야스는 새가 울 때까지 기다린다는 것이다. 이들의 성향과 철학을 쉽게 이해할 수 있는 적절한 비유라는 생각이 든다.

오다 노부나가는 결단력을 갖춘 인물로 일단 결정이 내려지면 실행하는 데 주저함이 없었다. 그는 카리스마의 상징이자 실천하는 지도자의 표상으로 거론되었지만 천하의 패권을 쥘 무렵 부하인 아케치 미쓰히데의 반란으로 죽고 말았다. 도요토미 히데요시는 가난한 농군의 자식으로 태어났으나 주군에 대한 충성심과 천부적인 기지로 오다 노부나가의 뒤를 이었다. 한편, 도쿠가와 이에야스는 인내심과 인간 관리의 귀재라고 말할 수 있다. 그는 도요토미 히데요시가 죽을 때까지 17년의 세월을 기다린 끝에 일본의 천하통일을 완성하고 260년 도쿠가와 막부를 열었다. 그는 가히 2인자로 어떻게 살아남을 수 있는가를 알려주는 전형이라고 말할 수 있다.

앞에서 언급한 전국시대 일본의 세 사람은 오늘날 우리에게 문제를 해결하기 위한 방법을 선택하는 것에 대해 일말의 시사점을 준다. 능력이 우세하다면 상대와 직접 겨루고 결전을 통해 굴복을 강요할 수도 있다. 클라우제비츠가 《전쟁론》에서 언급한 바와 같이 결정적 지점에 상대보다 월등한 전력을 투사하여 전투를 승리로 이끄는 것이다. 이는 오다 노부나가가 펼쳤던 인생철학과 흡사하다. 하지만 직접적으로 적을 제압하고자 하는 시도는 우리 스스로에게도 많은 피해가 생긴다는 한계점을 지닌다.

"무릇 싸우지 않고 굴복시키는 것이 최상의 방책이다(不戰而屈人之兵, 善之善者也)."라고 했다. 《손자병법》〈모공(謀攻)〉편에 나오는 문구인데 직접적인 싸움을 대신해서 상대방의 외교력을 약화시킴으로써 그 목적을 달성하는 것을 의미한다. 이는 도요토미 히데요시가 추구했던 철학과 비슷하다. 그러나 이러한 부전승(不戰勝) 전략은 이상적 목표는 될 수 있을지언정 실제 현실에서 이뤄질 가능성이 그다지 높지 않다는 한계가 있다. 아무리 소프트파워가 중요하다 할지라도 그 근간은 하드파워에 있고, 특히 생존을 다투는 상황에서는 하드파워가 소프트파워보다 훨씬 강력한 영향력을 지니고 있기 때문이다.

그렇다면 정복할 수 없는 강한 적은 어떻게 상대해야 하는가? 정복할 수 없는 상대는 우회하고 차라리 다른 곳에서 승리의 실마리를 찾는 방법을 모색해야 한다. 최근 들어 나날이 발전하는 과학기술의 발달에 힘입어 인공지능이 많은 부분에서 인간을 능가하는 사실들이 속속 확인되고 있다. 우리는 이미 2016년 3월에 있었던 알파고와 이세돌 명인과의 바둑 대결, 2016년 4월 일본 광고계에서 인간 크리에이티브 디렉터(Creative Director, CD)와 인공지능 CD가 벌였던 광고 대결을 통해 인공지능이 인간을 앞설 수 있음을 목도한 바 있다. 이제 우리 인간은 인공지능과 경쟁을 하기보다 인공지능과 협력 관계를 모색하거나 인간만이 할 수 있는 일에 집중해야 한다.

버거운 상대를 만났다면 열심히 노력하고 더 나은 방안을 모색해서 최고의 자리에 오를 수 있을 것이다. 그렇지만 경쟁하는 상대가 정복할 수 없는 상대라면 차라리 우회하는 방안이 오히려 좋은 선택이 될 수 있다. 물론 도쿠가와 이에야스의 인내심과 도요토미 히데요시의 지략 그리고 오다 노부나가의 결단력이 합쳐져 새로운 방향으로 공격을 시도한다는 조건에서 말이다.

인생의 변곡점을 관리하라

군에 들어가면 제일 먼저 가르치는 내용이 바로 제식 훈련이다. 제식 훈련은 군인에게 필요한 절도와 규율을 익히게 하는 훈련으로 맨몸으로 이뤄지는 도수동작 10개와 총을 들고 하는 집총동작 6개로 이루어져 있다. 대단한 훈련은 아니지만 처음 이 동작을 접하면 익히는데 어려움을 겪는 이들이 많다. 소대 단위 병력을 대상으로 제식 훈련을 지도해보면 꼭 두세 명 정도는 전체 대열과 다르게 행동하는 사람이 나온다.

이동 간 실시하는 제식 훈련에서 가장 독특한 부분은 '걸음 바꿔 가'와 '뒤로 돌아가'였다. '걸음 바꿔 가'는 "걸음 바꿔 가!"라는 구령의 마지막 말인 '가'라는 명령이 어느 발걸음엔가 맞춰지면 다른 발걸음을 내딛으면서 동시에 몸 전체를 한 걸음 도약을 시킨다. 그렇게 함으로써 기존에 유지하던 걸음의 패턴을 바꾸는 것이다. 글자로 설명하기도 쉽지 않은 일이니 실제 이 명령을 내려보면 상당히 많은 수가 틀리고 제식 훈련에 숙달된 사람도 실수하는 경우가 있다. '뒤로 돌아가'라는 명령은 또 어떤가. 이 명령은 반드시 왼발에 명령이 시작하는데 이 명령을 받으면 오른발을 내디딘 후 왼발을 한 발 더 내딛고 뒤로 돌아야 한다.

이 두 가지 동작은 그것은 기존의 패턴이 바뀌고 전혀 다른 상황으로 전개된다는 특징이 있다. '걸음 바꿔 가'는 '왼발~오른발'의 패턴을 '오른발~왼발'의 패턴으로 바꾸고 '뒤로 돌아가'는 명령 한 마디에 대형의 앞뒤가 아예 바뀐다. 이것이 변곡점(Point of inflection)이 되는 순간이다. 변곡점은 원래 함수 그래프가 반대로 변하는 지점을 의미하는 수학 용어였으나 오늘날에는 주식시장이나 무역의 변화량 심지어 안보 정세의 변화와 관련해서도 사용되고 있다. 이처럼 다양한 분야에서 변곡점을 알려주는 알고리즘을 통해 판단에 도움을 받고 있다. 어렵게 느껴질 수 있지만 변곡점을 간단하게 기존의 틀이 바뀌는 지점 정도로 이해해도 충분히 삶에 적용할 수 있을 것이다.

변곡점에서 패러다임의 변이가 일어나면 전혀 다른 세계와 대면해야 한다. 그렇기 때문에 인생의 변곡점을 관리하는 일이 중요한 것이다. 자신의 변곡점을 미리 알고 준비한다면 새로운 패러다임에서 앞서 나갈 기회를 잡을 수 있다.

미국의 오바마(Barack Obama) 대통령은 미 대통령 선거에서 민주당 후보인 존 케리(John Kerry)를 지원하기 위한 연설로 유명해졌다. 당시 그는 수줍고 젊은 흑인 상원의원에 불과했다. 그러나 그는 연단에 올라 '담대한 희망(Audacity of hope)'을 이야기하고 미국 정계의 스타로 발돋움하게 되었다. 그리고 4년 뒤에는 대통령이 되어 백악관에 입성했다. 오바마 대통령에게 있어서 민주당 후보 지원 연설은 자신의 인생을 뒤바꾼 변곡점이라고 할 수 있다.

또 하나의 사례로 2016년에 개봉한 〈빅쇼트〉라는 영화를 들 수 있다. 이는 2007년도부터 시작된 미국발 금융위기 시절 일어난 실화를 기반으로 한 영화다. 당시 미국에서는 경기를 부양하기 위해 금리를 최대한으로 낮추고 누구나 쉽게 주택을 소유할 수 있도록 하는 정책을 펼쳤다. 그 덕분에 서브프라임 등급의 신용이 낮은 사람들도 대출을 받아 집을 살 수 있었다. 여기에 힘입어 은행은 서브프라임 대출을 바탕으로 여러 가지 상품을 발행해 대출을 더욱 활성화했다. 하지만 서브프라임 대출의 고정금리 기간이 끝나면서 대규모 채무 불이행 사태가 벌어지게 되었다. 결국 이 사태는 미국 4대 투자은행 '리먼 브라더스'의 파산으로까지 이어졌다. 모두가 혼란스러운 상황에서 영화의 주인공들은 '서브프라임 모기지 사태'라는 변곡점의 가능성을 예견하고 있었다. 그리고 그 덕분에 오히려 위기를 성공의 기회로 활용하여 큰 성과를 거둘 수 있었다.

결국 인생에서 실패를 피하고 성공으로 나아가기 위해서는 변곡점을 관리할 줄 알아야 한다. 문제는 어떻게 변곡점을 관리할 수 있는지다. 앞서 이야기했던 '걸음 바꿔 가'나 '뒤로 돌아가'같은 제식 훈련에서 변곡점 관리의 시사점을 찾을 수 있다. 첫째, 언제 명령이 떨어질지를 늘 예상하고 있어야 한다. 처음 떨어지는 명령에 당황한다면 제대로 행동하기 어렵다. 변곡점은 예고 없이 찾아오는 만큼 변화를 염두에 두고 늘 그 변화에 대응할 수 있는 태세를 갖추는 것이 중요하다.

둘째, 변곡점이 만드는 혼돈을 지혜롭게 활용해야 한다. 물리학에서는 '상전이(Phase transition)'라는 개념이 있다. 상전이는 물질이 외부 조건에 의해 어떤 상태에서 다른 상태로 변하는 현상을 말한다. 수증기가 물이 되고 물이 얼음으로 변하는 과정 모두를 상전이라고 할 수 있다. 이는 얼마든지 다양한 상태로 이동할 수 있는 자연의 가장 창조적인 혼돈상태다. 이 상전이에서 우리가 얻을 수 있는 교훈은 혼돈을 도리어 창조적 결과물로 만들어갈 수 있다는 것이다. 변곡점은 혼란스럽지만 동시에 가능성을 가진 지점이라는 사실을 알고 있어야 한다.

셋째, 새로운 체계에 적응하는 힘이다. 변곡점을 계기로 이전 체계는 유용성을 잃게 된 만큼 새로운 체계 속에서 생존하는 방법을 찾아야 한다. 지구의 역사는 변화에 적응하여 살아남고자 하는 몸부림의 흔적이라고 말할 수 있다. 즉 적자생존은 변곡점 관리의 또 다른 이름이다.

4 장

프로의 시각, 남들이 보지 못한 것을 보는 방법

타인이 자신의 관점을 수용하게 만들 수 있다면
이미 관점을 디자인하는 프로의 영역에 올랐다고 할 수 있다.

관점으로 승리하라

사관학교 시절 배웠던 도학(圖學)은 어떠한 물체를 다양한 각도에서 바라본 후 이를 평면도로 재구성해내는 과목이었다. 생도 생활 당시에는 어렵기도 하고 근본적으로는 왜 이러한 과목을 배우는지 이해하기 어려워 도학을 좋아할 수 없었다. 다만 동일한 물체일지라도 바라보는 각도에 따라 펼쳐지는 평면의 모습의 달라진다는 것은 흥미로웠다. 그러나 그 이상 도학 과목에 대한 생각이나 내용들이 내 생활 속에 들어올 여지는 없었다.

임관한 이후 주로 언론 보도와 관련한 일을 다루다 보니 자연스레 '관점'에 관심을 기울일 수밖에 없었다. 동일한 사안에 대해서도 바라보는 사람에 따라 다양한 관점이 존재할 수 있고, 어떠한 관점을 가지고 사안을 바라보느냐에 따라 전혀 다른 견해를 내놓을 수 있다. 이는 마치 도학에서 물체를 어떤 각도에서 바라보는가에 따라 각기 다른 평면도를 그려내는 것과 비슷하다. 다만 도학에서는 그려야 할 평면도가 이미 정해진 반면, 삶은 사람마다 각기 다른 평면도가 만들어질 수 있다는 차이점이 있다. 관점의 문제는 다양한 견해를 만들어 내고 관점을 어떻게 관철시키느냐에 따라 다른 사람의 관점에 변화를 줄 수 있다.

일례로 '새벽녘 풀잎에 맺힌 이슬방울'이 있다고 치자. 하나의 실상을 눈앞에 두고도 관점에 따라 펼쳐지는 세상은 확연히 달라진다. 만일 풀잎 위에 놓인 이슬방울의 관점에서 생각한다면 머지않아 떨어질 자신의 운명을 안타까워한다고 말할 수 있다. 하지만 관점을 이슬방울이 아닌 대지의 시각으로 옮긴다면 대지는 이슬방울과의 머잖은 접촉을 바라고, 이를 새로운 생명의 탄생을 위한 위대한 접촉으로 바라볼 수도 있다. 어느 관점을 택할 것인가는 전적으로 자신의 선택에 달려있다. 그리고 그에 따라 펼쳐지는 결과는 천차만별이 된다.

관점으로 승리하기 위해서는 먼저 관점에 대한 충분한 이해가 전제되어야 한다. 사람이 사물을 바라보는 관점은 크게 두 가지로 나누어 생각해볼 수 있다. 일명 투시도적 관점과 민화적 관점이다. 투시도적 관점은 공간 속에 존재하는 수많은 앵글을 단 한 사람의 눈으로 포착한 독점적 세계를 만들어 준다. 대표적으로 레오나르도

다빈치의 스케치는 투시도적 관점에서 시선과 화면을 축약하여 세계를 2차원 평면에 펼쳐 보인다. 반면에 조선 후기에 유행했던 정물화 책거리는 바라보는 사람 모두가 자기만의 관점을 갖는다. 책거리는 그림의 특정 부분만 부각하지 않고 묘사된 사물 각각이 강렬한 인상을 보여주고 있다. 이처럼 민화적 관점으로 바라보면 각자가 사물에 자신만의 의미를 부여할 수 있고, 동등하게 존중받을 수 있다.

그러나 민화적 관점에서도 특별히 의미가 부여되어야 할 곳을 스스로 찾고 만들어 내는 노력이 필요하다. 민화적 관점은 개방적이고 균등한 사고방식으로 대상을 바라보게 하는 장점이 있다. 하지만 세상 모든 사안에 대등한 가치를 가지고 부여하고 이를 병렬로 나열할 수는 없다. 인간은 동일한 것을 보더라도 각자가 자기만의 가중치를 부여하면서 대상을 바라본다. 책거리 민화도를 보더라도 화가는 투시를 무시하고 모든 사물을 자세하게 묘사했지만 보는 이는 유별나게 눈길이 가고 의미를 부여하고 싶은 부분이 있다.

우리는 수많은 사람들이 다양한 의견을 개진하는 시대에 살고 있다. 한 가지 사안에 대해서도 사람들은 자신들 각자의 관점을 가지고 바라보면서 그에 합당한 수많은 논리들을 생산해 낸다. 이러한 인간관계 속에서 한 가지 투시도적 관점만을 제시하여 사안 전체를 주도해 나가기는 너무도 어렵다. 민화적 관점으로 사안을 바라보고자 하더라도 더 중요하게 생각되는 부분은 반드시 존재한다. 그렇다면 자신의 관점을 타인에게 이해시키고 사안을 주도하기 위해서는 어떻게 해야 할까?

일단 사안을 바라보는 다양한 관점에 대한 이해와 이를 수용하고자 하는 마음의 자세가 필요하다. 이어서 자신의 명확한 관점을 가져야 한다. 일단 자신 스스로가 명확한 관점을 가지고 있어야 비로소 문제를 해결할 힘을 발휘할 수 있다. 마지막으로 자신의 관점을 다른 사람들에게 투영시킬 수 있는 방법론을 가져야한다. 여기에는 다른 사람이 납득할 만한 명징한 논리나 나의 관점을 수용할 수밖에 없는 혜택을 제공하는 등 여타의 방안들이 포함될 수 있을 것이다. 그리하여 타인이 자신의 관점을 수용하게 만들 수 있다면 이미 관점을 디자인하는 프로의 영역에 올랐다고 할 수 있다.

세 개의 눈

선조 24년(1591) 3월 《국조보감》에서 일본에서 돌아온 통신사의 보고를 다음과 같이 적고 있다.

통신사 황윤길(黃允吉) 등이 일본에서 돌아왔는데 왜국의 사신 평조신(平調信, 다이라 시게노부) 등도 함께 왔다. 황윤길이 그간의 실정과 형세를 치계(馳啓)하면서 "필시 병화(兵禍)가 있을 것이다."라고 하였다. 복명(復命)한 뒤에 상이 불러 하문하니, 황윤길은 전일의 치계 내용과 같은 의견을 아뢰었는데 김성일(金誠一)이 아뢰기를, "그러한 정상은 발견하지 못하였는데 황윤길이 장황하게 아뢰어 인심이 동요되게 하니 일의 마땅함에 매우 어긋납니다."라고 하였다. 상이 하문하기를, "도요토미 히데요시(豊臣秀吉)가 어떻게 생겼던가?" 하니, 황윤길이 아뢰기를, "눈빛이 반짝반짝하여 담과 지략이 있는 사람인 듯 하였습니다." 하고, 김성일은 아뢰기를, "그의 눈은 쥐와 같아서 두려워할 위인이 못 됩니다." 하였다.

임진왜란이 일어나기 불과 1년 전에 일본의 실정과 도요토미의 저의를 탐지하기 위해 파견되었던 통신사의 보고 내용이다. 통신사의 상반된 보고로 인해 당시 조선 조정은 의견이 분분하였고 결국 일본의 침입에 대비하지 못한 채 전란의 화를 당하고 말았다. 이렇듯 각자의 관점과 의도에 따라 똑같은 것을 보고도 서로 다르게 말하는 경우는 흔하다.

그렇다면 어떻게 바라보아야 정확히 볼 수 있을까? 이를 위해서는 세 가지 눈이 필요하다. 그것은 견(見)과 관(觀)과 람(覽)이다.

견의 눈은 '육안으로 상대의 현상을 보는 것'이다. 견이라는 한자는 사람이 눈을 뜨고 바라본다는 의미를 갖고 있다. 인간은 눈을 통해 외부의 정보를 70% 이상을 처리한다. 그러나 견의 눈은 근본적으로 시각 기능의 한계를 가진다. 인간은 같은 색의 옷을 보고도 흰색과 파란색으로 서로 다르게 인식하기도 하고 움직이지 않는 사진을 움직인다고 생각하기도 한다. 언젠가 우리나라의 전설적인 타짜로 알려진 장병윤씨에 관한 다큐멘터리 영상을 본 적이 있다. 타짜의 손기술을 카메라가 촬영하여 보여줬지만 눈치챌 수 없었다.

심지어 타짜들도 이러한 손기술을 눈으로 파악하기 어려워 소리를 통해 감지해낸다고 했다. 이처럼 인간의 눈은 빠른 손놀림조차 따라갈 수 없다. 하지만 보는 것이 모두 진실이 아니라는 것을 알고 있음에도 본 것을 의심하기는 쉽지 않다.

관의 눈은 '상대방의 생각을 간파하는 마음의 눈'을 말한다. 여기에는 지략이 필요하다. 눈앞에 보이는 것만 봐서는 상대의 생각을 읽어내기 어렵다. 제대로 보기 위해서는 상대를 간파할 수 있는 지식이 필요하다. 사람에 대한 형상을 제대로 보기 위해서는 형상에 관한 지식이 집대성되어 있어야 하고, 조직에 대한 진단을 제대로 하기 위해서는 조직을 들여다볼 수 있는 지식이 총화되어 있어야 한다.《오륜서》를 썼던 무사시는 싸울 때는 관의 눈을 크게 뜨되 견의 눈은 작게 뜨고 먼 곳을 정확히 포착하고 가까운 곳의 움직임을 통해 대국을 파악하는 것이 중요하다고 말한다. 그런 다음 상대의 눈과 칼끝, 주먹의 움직임을 통해 상대의 마음을 정확히 읽어낼 것을 주문하고 있다.

마지막으로 람의 눈을 갖는 것이다. 람(覽)이라는 한자는 그릇에 담긴 잔잔한 물을 바라보는 모습을 형상화하고 있다. 잔잔한 물을 바라볼 때 인간은 무념무상의 세계로 들어갈 수 있다. 육안으로 상대를 보고 움직임을 통해 생각까지 읽었다면 이제 필요한 것은 담담함과 평정심을 통해 주어진 사안을 들여다보는 것이다. 이 단계에서는 오직 목적에 집중해야 한다. 승패에 대한 집착이나 더욱 세밀히 보고자 하는 것도 일을 그르치는 욕심이다. 담담함과 평정심에서 거대한 에너지가 뿜어져 나오고 집념과 의지는 이 에너지를 먹고 자란다.

견과 관과 람, 내가 갖고자 하는 세 개의 눈이다.

숲이 먼저, 나무가 나중

전체적인 국면을 그려보고 난 후에 해야 할 일을 찾아가야 일을 성공적으로 마칠 수 있다. 이러한 접근법이 타당한 이유는 크게 세 가지다.

첫째, 전체적인 모습을 그려보지 않고 일을 수행하면 해야 할 일 자체를 올바로 파악하기 어렵기 때문이다. 전방에서 수색소대장으로 야간 훈련에 임할 때다. 훈련의 목표는 상대방 진지에 침투해서 폭파 및 교란 작전을 실시하는 것이었다. 이를 위해 자정이 되기 전까지 목표 지점이 내려다 보이는 곳에 중간 매복 진지를 마련해야 했다. 낮 동안 미리 좌표를 확인하고 예상 침투로까지 선정하였기에 여유를 가지고 야간 작전에 투입이 되었다. 그런데 날이 어두워지니 상황이 예상과 다르게 전개되었다. 전방의 고지는 대부분 감시를 용이하게 하기 위해 나무를 잘라낸 비슷한 모습이어서 전체적인 윤곽을 파악하기가 쉽지 않았다. 전술적 지식을 최대한 동원해 한 고지에 올랐는데 사전에 계획된 지점이 아니었다. 결국 가장 높은 고지로 올라가서 전체적인 국면을 살핀 후에야 원하던 고지에 오를 수 있었다. 전체적인 국면을 바라보지 못하고 특정 목표만을 향해 나아갔을 때 일을 그르칠 수 있다는 것을 온몸으로 느꼈던 순간이었다.

둘째, 전체적인 모습을 그린 후 부여된 임무를 수행했을 때 훨씬 효과적으로 진행 할 수 있다. 나는 6.25 전쟁 때 쓰인 전쟁 수기를 즐겨 읽는 편인데, 읽다 보면 하나의 공통된 사항을 발견할 수 있다. 그들은 모두 하루하루 죽음의 고비를 견디는 극한의 상황에서도 자신이 투입된 전투가 무엇인지 알지 못하여 고통스러워 했다. 주변에 물어보고 싶어도 하루면 지휘관도 죽어나가기 때문에 물어볼 곳도 없었다. 전황과 정세를 파악하기는 커녕 전쟁터에 떠밀린 이유조차 알 수 없었던 그들은 두려움으로 인해 자신에게 부여된 임무를 수행하기 어려웠을 것이다. 만약 이들에게 상황을 설명해주는 사람이 한 사람이라도 있었다면, 그 당시에 느꼈을 공포와 혼란을 조금이나마 줄일 수 있었을 것이다.

개인은 조직 속에 있으면 전체의 흐름을 파악하기가 어렵다. 전체 구조를 파악하는 것은 비단 개인뿐만 아니라 조직에도 영향을 미친다. 6.25 전쟁이 발발하고 불과 한 달 반 만에 낙동강에 접한 일부 지역을 제외한 곳까지 전선이 밀렸다. 국군과 유엔군은 마산·대구·경주 축선을 고수함으로써 부산 교두보를 간신히 확보했고, 그 선에서 전세를 역전하기 위해 고군분투하였다. 이 마지막 남은 방어선에서 미군들이 제일 걱정했던 부분은 한국군이 맡은 지역을 고수하지 못하고 전장을 이탈하거나 뒤로 밀리는 것이었다. 한국군들이 별도의 연락을 취하지 않고 전선을 이탈한다면 연합작전에 애로가 많기 때문이다. 방어를 할 때에는 후퇴를 하더라도 축차적 방어를 하면서 후퇴해야 차후 작전을 구상할 수 있다. 그렇지 못하고 구축하고 있던 전선에 함몰된 지역이 생기면 부득불 전선을 조정할 수밖에 없다. 이런 점에 있어서도 부대가 담당하고 있는 전선의 의미나 개개 병사들이 수행하고 있는 임무의 중요성을 설명해 주었다면 훨씬 효과적인 작전 수행이 가능했을 것이라 생각한다.

셋째, 수행한 일이 잘되었더라도 전체적 국면을 고려하지 못하면 때론 일의 흐름에 부정적인 영향을 끼칠 때가 있다. 역으로 전체적인 국면을 고려할 수 있다면 설령 내가 수행한 일이 잘못되었다 하더라도 일의 흐름에 긍정적인 영향을 끼칠 수도 있다. 6.25 전쟁 초기에 진행된 '장사 상륙 작전'은 인천 상륙 작전에 대한 양동작전이었다. 작전이 시작되고 학도병으로 구성된 772명이 문산호를 타고 장사 지역에 상륙하여 적의 보급로를 차단했다. 작전의 결과는 참담했다. 작전에 참가했던 인원 중 139명이 전사하고 92명이 부상을 당했으며 나머지 학도병들도 모두 행방불명되었다. 국군은 인천 상륙 작전이 성공한 후에 고립된 학도병들을 구출하기 위해 지원함을 보냈지만 일부만 승선하고 나머지 학도병들은 전선에 남아 전투 중 대부분 전사했다. 많은 희생이 있었던 장사 상륙 작전은 전투 자체는 실패했지만 궁극적으로 성공한 작전이며 한없이 기려야 할 숭고한 전투라고 할 수 있다.

치환하여 사고하라

치환(置換)이라는 말은 어떤 것을 다른 것으로 바꿔놓는다는 말이다. 반대로 바꿨던 것을 다시 원 상태로 돌리는 것은 환원이라고 한다. 삶 속에는 많은 것들이 치환되었다가 또 환원되는 과정을 거친다. 놀이문화만 해도 그렇다. 내가 태어나고 자랐던 1960년대 시골에는 놀이문화라는 게 딱히 없었고 노는 장소도 변변찮았다. 놀이를 하더라도 술래잡기가 대부분이고 어쩌다 편을 갈라 총싸움이라도 할라치면 막대기를 총으로 삼아 입으로 "딱꿍! 딱꿍!"하는 것이 고작이었다. 나이가 들어 생각해보니 어린 시절 장난감이 없이 막대기를 총이라고 했던 것이나 대나무를 말이라고 하며 타고 놀았던 것 모두 치환하여 사고한 것이다.

그렇다면 왜 우리는 치환하여 생각하는가? 첫째, 치환하여 생각하면 어려운 문제를 손쉽게 풀 수 있기 때문이다.

컴퓨터로 많은 데이터를 저장하고 인터넷으로 다양한 지식을 손쉽게 얻는 오늘날, 창의력은 교육이 추구해야 할 주요 개념으로 자리 잡았다. 그러나 창의력을 어떻게 정의하고 어떤 방법으로 키워 줄 수 있는지에 대해서는 이론의 여지가 많다. 이러한 경우 치환의 개념을 사용하면 보다 쉽게 많은 사람들의 동의를 구할 수 있다. 예를 들어 '상상력+지식=창의력'이라고 하자. 이렇게 추상적인 개념을 유사한 단어로 치환하면 더욱 쉽게 이해할 수 있다. 지식과 상상력 두 가지에 한정하여 그 용어를 정의하면 창의력이 무엇인지 파악된다.

둘째, 치환을 사용하면 일의 효율성이나 효과성을 높일 수 있다. 군에서는 훈련이나 주요한 작전을 시행하기에 앞서 '사판 훈련'을 진행하고는 한다. 사판 훈련이란 모래와 석회로 만든 훈련장 모형을 이용하여 실제 군사 작전에 대한 모의 훈련을 하는 것을 말한다. 현실의 훈련장을 모형으로 치환하여 훈련하는 이유는 시간적, 공간적, 경제적인 제약을 극복할 수 있기 때문이다. 이렇듯 치환하여 접근하는 방법은 실제 일을 수행해 나가는 데 있어 효율성과 효과성을 제고할 수 있다.

셋째, 치환을 통해 쉽게 설명하고 다른 사람을 설득할 수 있다.

특히 어떤 개념을 이해하기 어렵거나 특정 가치를 수용하는 데 거부감을 가지는 경우, 치환을 사용하면 쉽게 이해하고 합일점에 도달할 수가 있다. 중국 전국 시대에 태어난 장자의 사상에 대해 이야기할 때 '물아일체(物我一體)'을 빼놓을 수 없다. 그러나 이 물아일체을 설명하면서 "이는 장자가 말한 '무위자연(無爲自然)'과 이어지며 이는 자아를 뛰어넘어 세계의 모든 존재와 하나된 경지를 말한다."라고 하면 이해하기가 쉽지 않다. 이때, 장자의 호접지몽(胡蝶之夢)을 이야기해주면 쉽게 물아일체를 쉽게 이해할 수 있다. 장자는 꿈속에서 나비로서 춤추며 날고 있다가 깨어났다. 하지만 자신이 나비가 된 꿈을 꾼 것인지, 아니면 지금이 나비가 꾸고 있는 꿈인지를 분간하기 어려워했다고 한다. 이 이야기를 들으면 장자가 말한 '자연과 하나가 되는 경지'를 알 수 있다. 이처럼 인간은 치환하는 사고를 통해서 상징의 문턱을 넘고 추상성을 확보할 수 있다.

다만 한 가지 유념하고 있어야 할 것은 치환하여 접근하기 위해서는 해당 사안에 대해 지식이 충분해야 한다는 것이다. 치환이라는 사고작용은 풍부한 지식과 내재화된 경험 요소에 의해 그 농축성이 짙어질 수밖에 없다.

결혼하여 얼마 되지 않았던 시기에 장인어른과 사람을 대하는 방법에 대해 이야기를 나눈 적이 있다. 장인어른은 인간관계를 설명하며 "Go man go, is man is."라고 말하셨다. 무슨 뜻이냐고 물었더니 "갈 사람은 가고, 남을 사람은 남는다."라고 하셨다. 장인어른께서는 젊은 시절 외교관 생활을 하셨던 분이라 상당한 영어 실력을 갖추고 계셨기에 이런 유의 유머를 하실 수 있었던 것이다. 이처럼 지식이 갖춰졌을 때 치환하여 표현한 상징은 힘을 갖는다.

팩트의 감춰진 면까지 보아라

공중매체와 소셜 네트워크 서비스의 숫자가 기하급수적으로 늘어남에 따라 사실에 기반하지 않은 이야기들이 부풀려지는 경향이 있다. 그래서 현대에는 팩트가 더욱 중요해지고 사실관계를 확인하는 일이 빈번해졌다. 물론 팩트에 대한 중요성이 오늘날에만 강조되는 것은 아니었다. 이순신 장군은 사실을 있는 그대로 보고 이를 토대로 철저한 준비를 하고자 노력했다. 이러한 이순신 장군의 심정을 김훈의 소설 《칼의 노래》에서는 "본 것을 본대로 보고하고 들은 것은 들은 대로 보고하라."라고 표현하고 있다.

우리는 팩트에 대해서 두 가지 면을 알고 있어야 한다. 첫째, 팩트는 그 자체로 힘을 갖는다. 그러나 사람들은 애써 팩트를 무시하거나 안다고 하면서도 막연하게 알고 있는 경우가 많다. 이처럼 고정관념을 팩트라고 착각하는 사람들에게 경종을 울렸던 책이 바로 스웨덴 통계학자 한스 로슬링(Hans Rosling)의 《팩트풀니스》이다. 이 책에서 로슬링은 우리 인간이 통계적인 팩트에 얼마나 허술한지를 적시하고 있다. 그는 무수히 많은 강연을 진행하며 사람들에게 몇 가지 통계에 대한 질문을 던졌다. 예를 들면 "오늘날 세계 모든 저소득 국가에서 초등학교를 나온 여성 비율은 얼마나 될까?" 등이다. 이러한 질문에 한국을 포함한 14개국에서 평균 16% 정도의 정답률을 보였고 이는 침팬지가 무작위로 정답을 골랐을 때보다 낮은 수준이다. 이처럼 우리가 팩트라고 믿고 있는 것은 사실 팩트가 아닐지도 모른다. 하지만 사람들은 한번 팩트라고 믿은 이상 그것을 더 이상 검증하려 하지 않는다. 팩트에 기초하지 않은 상태로 논리를 전개해 나갔을 때 그 논리는 영향력을 끼칠 수 없고 서로의 의견이 분분한 상황만을 만든다. 반대로 팩트에 충실한 지식이 쌓이면 과학적 논리가 만들어진다. 구체적 사례나 과학적 지식에 기초한 팩트를 가지고 하는 말은 강력한 힘을 가져 마치 어떤 것도 뚫을 수 있는 창과 그 누구도 뚫을 수 없는 방패와 같다.

둘째, 팩트는 항상 이면을 가지고 있다는 것이다. 팩트의 이면을 보고자 하는 이순신 장군의 모습을 《난중일기》에서 찾아볼 수 있다. 임진년인 1592년 3월 24일, 대마도주가 배 한 척을 조선에 보내며 "만일 도착하지 않았다면 풍랑에 깨졌을 것이다."라고 말했다. 이를 전해 듣고 장군은 이렇게 적었다.

"그 말이 매우 음흉하다. 동래에서 서로 바라다보이는 바다인데 그럴 리가 만무하며, 말을 이렇게 거짓으로 꾸며대니 그 간사함을 헤아리기 어렵다."

어떤 때에도 접하는 정보를 비판없이 그대로 받아들여서는 안 된다. 이처럼 팩트는 늘 이면을 가지고 있기 때문이다. 많은 사람들은 자신이 팩트를 찾고 팩트에 기초하여 판단한다고들 말한다. 그러나 팩트는 명확히 파악하기도 어렵고 감추어진 이면을 파악하기는 더더구나 어렵다.

이라크 전쟁을 예로 들어보자. 이라크 전쟁은 미국과 영국 연합군이 최첨단 무기를 사용하여 3주 만에 바그다드를 점령하고 초단기 승리를 거머쥔 전쟁이며 현대전의 시발점이다. 이것이 우리가 알고 있는 팩트다. 그러나 이라크 전쟁의 이면을 보면 전쟁을 승리로 이끌기 위해 미군이 얼마나 치열한 노력을 기울였는지를 확인할 수 있다. 미군은 초기 전투 수행에서 많은 시행착오를 경험했다. 전술적 문제뿐만 아니라 전략적으로나 정무적 차원에서도 많은 어려움이 있었다. 책상에서 승패를 계산하는 사람들과 전장에서 전략과 전술을 수행해야 하는 사람들 사이에 전달되는 정보가 그 이면까지 제대로 설명하지 못했기 때문이다.

팩트는 늘 이면의 세계를 가지고 있다. 그래서 정확한 팩트에 더하여 그 뒤에 숨은 진실을 파악할 수 있을 때 우리는 보다 강한 영향력을 가질 수 있다. 접하는 정보의 이면을 보려고 노력하라. 팩트에 가려진 세계는 전문가의 눈으로만 볼 수 있다.

우리가 모르는 것을 가르치기

어떻게 배울 것인가를 논할 때 "노력하는 사람은 즐기는 사람을 이길 수 없다."라는 말이 빠지지 않고 등장한다. 이 말은 지금부터 2,500년 전에 공자가 했던 말에서 비롯됐으리라 본다. 《논어》〈옹야(雍也)〉편에 이런 말이 나온다. "지지자불여호지자 호지자불여락지자(知之者不如好之者 好之者不如樂之者).", "아는 사람은 좋아하는 사람만 못하고, 좋아하는 사람은 즐기는 사람만 못하다."라는 뜻이다. 이러한 배움의 단계는 현대에도 적용할 수 있다. 단순히 노력하는 것보다 일이나 상황 자체를 즐기고 그 즐거움으로 인해 더욱 노력하는 선순환을 만들어 갈 때 더욱 효율적으로 학습할 수 있기 때문이다.

그러나 치열한 경쟁 속, 지식의 최첨단에 서 있는 경우라면 단지 즐기는 것만으로 노력하는 사람을 능가하기는 어렵다고 생각한다. 조치훈이라는 바둑 기사는 일본 기원 소속의 프로바둑기사로 일본 바둑계에 살아있는 전설로 회자된다. 이러한 조치훈 기사가 쓴 자신의 자서전 제목은 《목숨을 걸고 둔다》이다. 그는 대국에 임하는 자세를 논할 때 그야말로 "목숨을 걸고 죽기 살기로 둔다."라는 말을 줄곧 했다. 진정한 프로의 세계를 느끼게 해주는 그의 가치관은 나에게 단순히 즐기는 것으로는 치열하게 노력하는 자를 결코 능가할 수 없다는 것을 일깨워 준 계기가 되었다.

공자가 말한 것처럼 배움에 단계가 있듯이 가르침에도 단계가 있다. 누군가를 가르칠 때도 단계를 가지고 어떻게 치열하게 노력하도록 유도할 것인지 생각해야 한다.

우리는 누군가를 가르칠 때면 꼭 필요한 사항을 교육한다는 생각으로 임한다. 그러나 여기서 말하는 필요한 사항은 사실은 이미 알고 있거나 조금만 노력을 구하면 스스로 깨달을 수 있는 지식일 때가 많다. 이러한 접근법으로 교육의 최대 효과를 가져오기는 어렵다. 물론 학생 수준에 따라 가장 기초적인 내용을 가르치는 것이 필요할 때도 있지만 궁극적으로는 우리 인간이 갖는 지식의 한계와 정작 모르고 있는 부분을 파악하고 그 부분에 대해 명확히 알려주는 교육이 필요하다.

영어만 해도 그렇다. 시험에서 높은 점수를 받고 기본적인 회화를 하는 것은 웬만한 사람이라면 할 수 있다. 여기서 조금만 더 노력하면 고급 어휘를 구사하고 프레젠테이션도 해낼 수 있다. 그러나 일상을 다룬 드라마를 무리 없이 이해하고 따라하기는 쉽지 않다. 어학을 공부하여 원어민 수준에 이르는 것은 근본적으로 한계가 있기 때문이다. 얼마 전 미국에서 50년 이상을 살아오신 분이 쓴 글을 읽었다. 그는 한국보다 미국에서 살아온 시간이 더 길지만 흑인 사회에서 사용하는 일부 어휘의 발음은 알아듣기 어렵다고 한다. 이처럼 학습을 통해 최고 수준에 이르게 하기는 한계가 있다.

다음으로 배우는 사람에게 동기를 부여해서 스스로 노력하도록 가르치는 것이다. 생텍쥐페리가 쓴 《어린 왕자》에 이런 대목이 나온다. "배를 만들고 싶다면, 사람들을 시켜 나무를 모으고 역할을 나누고 명령을 내리면서 북을 칠 것이 아니라, 거대하고 끝없는 바다를 갈망하게 만들어라." 모든 것이 불확실하고 시시각각 새로운 지식이 밀려 들어오는 상황에서 모든 것을 일일이 가르치는 것은 굉장히 비효율적이다. 기존의 지식과 기술이 먹히지 않을 땐 스스로 방법을 찾아 대처해 나가도록 하는 것이 훨씬 효과적이라 할 수 있을 것이다.

그러나 단순히 배우는 사람의 지적 갈망을 자극한다고 해서 가르침의 왕도가 완성된 것은 아니다. 왜냐하면 배우고자 하는 절박함만으로는 지식의 최전선에 설 수 없기 때문이다. 이런 면에서 정작 필요한 가르침은 우리가 알고 있는 지식의 최전선이 어디인지 알려주는 것이라고 본다.

최근에는 바둑의 최고 경지에 오른 명인들도 인공지능을 통해 바둑의 새로운 세계를 배운다는 소식을 신문 기사를 통해 읽은 적이 있다. 명인들은 인간이 둘 수 있는 바둑의 최전선에서 있는 만큼 인간이 알고 있는 바둑의 세계를 훌쩍 뛰어넘어 '경계의 너머'를 탐구한다. 인간 지성의 최첨단에 서 있는 세계적인 과학자 같은 경우 인덱스(Index)라고 하는 4차 언어를 사용해서 자신들이 생각하는 개념을 표현한다. 인류가 사용하고 있는 언어는 네 가지로 단계로 나뉘는데, 1차 언어는 말이고 2차 언어는 문자다. 3차 언어는 숫자와 도형이며 4차 언어가 바로 인덱스다. 연구하는 분야의 최첨단에서 인류가 인지하고 있는 개념 이상의 세계를 표현하기 위해서는 인덱스의 세계가 필요할 수밖에 없다. 모든 것에는 단계가 있듯이 교육의 현장에서 가르치는 것에도 수준과 단계가 있다. 우리에게 정작 필요한 것은 지식의 최전선에서 무지의 세계를 가르치는 것이다. 이것이 상자 밖의 세상을 생각하게 하는 지름길이다.

왜, 그리고 어떻게를 질문하라

한국에서 열린 G20 정상회의에서 오바마 대통령이 기자회견을 할 때 있었던 일이다. 기자회견을 진행하는 가운데 오바마 대통령이 한국 기자를 꼭 집어서 질문의 기회를 부여했다. 하지만 누구도 질문을 하지 않았다. 얼마간 침묵이 흐르자 중국 CCTV 기자가 아시아를 대표해서 질문을 하겠다고 나섰다. 이에 오바마 대통령은 "한국 기자에게 준 특권인 만큼 한국 기자의 질문을 받겠다."라고 하며 다시 한국 기자에게 기회를 줬다. 그러나 누구도 끝내 질문을 하지 않았다. 이 일이 있고 난 뒤 네티즌들 사이에서 비판이 쏟아졌고 내가 아는 기자들 가운데 몇몇은 창피해서 기자 생활을 접어야겠다고 말하기도 했다.

기자회견 당시 한국 기자들이 질문을 하지 않은 이유에 대해 여러 가지 설들이 있지만 대체로 주입식 교육이 낳은 폐단으로 정리를 한다. 이를 좀 더 파고들어 가보면 두 가지의 원인을 이야기할 수 있다.

첫째, 주어진 정보를 모두 옳은 것으로 받아들이는 경향이 있다. 하늘 아래 새로운 것이 없다는 말을 하지만 그렇다고 익숙한 것이 모두 맞거나 가장 합리적인 방안이라고도 말할 수 없는 법이다.

지인 중에 수학을 전공하지 않았음에도 불구하고 우리나라에서 내로라 하는 대학에서 수학으로 박사학위를 받은 사람이 있다. 그가 입학한 지 얼마 되지 않아 지도교수께서 전공 분야 중 알아야 할 내용을 정리한 자료를 주셨다고 한다. 그는 공부하는 과정에서 기존 자료에 있는 증명보다 간단한 방법을 찾아냈고 이를 지도교수에게 이야기했다고 한다. 그러나 돌아온 반응은 '그게 무슨 의미가 있느냐?'는 표정이 전부였다. 비전공자 눈에 비친 문제점이 기존의 수학 전공자들에게는 당연한 것으로 받아들여졌던 것 같다. 이후 그가 의문점을 제시했던 증명 문제가 대수학 분야에 있어서 난제를 해결하는 실마리라는 사실이 밝혀졌다. 그래서 그는 프랑스 유명 학자와 공동 논문까지 발표하게 되었다.

둘째, 질문을 하면 여러 사람에게 방해를 준다는 생각이 크고 질문으로 자신의 시간을 방해하지 말라는 무언의 압박이 존재한다. 이는 다분히 문화적인 요소가 크다고 보는데 우리 사회에서는 배움의 목적을 문제 해결에 두지 않고 주로 지식을 넓히는 것에 두기 때문으로 풀이된다. 그러나 무언가를 배우는 목적을 단순히 지식을 담는 것에 두어서는 안된다. 도처에 지식이 넘쳐나고 인터넷을 통해 손쉽게 지식을 얻을 수 있는 시대에 다른 사람보다 조금 더 알고 있다는 것은 큰 자랑거리가 될 수 없다. 배움의 목적은 당면한 문제를 해결하고 우리 사회를 지금보다 나은 방향으로 발전해 나갈 수 있도록 유도하는 것이 되어야 한다.

이런 점에서 질문하는 것은 문제 해결의 첫출발이 될 수 있다. 문제가 생겼을 때 질문을 해보면 상황이 훨씬 더 명확하게 그려진다. 예를 들어 어떤 정책이 만들어져서 혼란스럽지만 정작 사람들은 왜 이렇게 됐는지 모른다고 하자. 이런 경우에 '이 정책으로 누가 이익을 보지?'라고 질문을 해본다면 해답의 실마리를 잡을 수 있다. 그런 다음 이어서 '그렇다면 왜 그런 안을 낸거지?'처럼 꼬리를 무는 질문을 만들어 갔을 때 우리는 사안에 훨씬 정확하게 접근할 수 있을 것이다.

그렇다면 왜 좋은 질문을 못하는가? 여기서 주목해야 할 단어는 수식어로 붙은 '좋은'이라는 형용사다. 누구나 질문은 할 수 있다. 그러나 좋은 질문은 아무나 할 수 있는 게 아니다. 좋은 질문을 하기 위해서는 평소에 해당 사안에 대한 구상을 가지고 있어야 하기 때문이다. 좋은 구상을 하기 위해서는 두 가지 요소가 필요하다. 그것은 Why(왜)와 How(어떻게)다.

Why를 전략적으로 활용한 사람은 애플의 스티브 잡스(Steve Jobs)가 있다. 그는 많은 사람들이 제품 설득을 위해 What(무엇)을 말할 때 Why를 말했다. 다시 말해 다른 사람들이 제품을 설명할 때 그는 그 제품을 만든 이유를 설명했다. 뛰어난 광고들은 모두 Why를 말하면서 소비자를 설득한다. 그렇다면 사람들은 어째서 Why에 입각한 설명에 더 많은 호응을 보일까? 왜냐하면 이유를 설명하는 과정에서 긍정적 감흥이 유발되었기 때문이다. 하버드 대학교 뇌과학교수인 테일러(Jill Bolte Taylor)는 대부분의 사람들이 매 순간 무의식적 선택을 한다고 말한다. 인간이 무언가를 결정할 때 인간의 뇌는 전전두엽을 사용해 이성적으로 판단하지만 이러한 이성적 판단도 결국에는 변연계에서 의해서 느껴지는 감정이나 본능, 느낌 등에 좌우된다.

Why에 더해 How라고 물어보면 원인이 더 쉽게 파악된다. 예를 들어 군에서 총기 사건이 발생했다고 가정해보자. 사람들은 문제가 발생한 그 이유에 대해 주로 묻고 그에 대한 답을 내놓을 것이다. Why에 기반한 질문은 반드시 필요하지만 그것만이 충분한 답이라고 생각하지는 않는다. 그렇다면 근본적인 답은 어디에서 나올 수 있는가? 다른 내용은 접어두고 일단 "어떻게 해야 합니까?"라고 물어보아라. 이를 통해 우리는 사건의 근본적인 답을 얻을 수 있다. 만약 "사랑으로 감싸라."라는 답변이 돌아왔다면 조직 내에 사랑이 부족했던 것이 사건의 근본적 원인일 것이다. 또 "총기 관리를 더 체계적으로 해야겠다."고 답했다면 시스템의 부재가 모습을 드러낼 것이다. 이렇듯 수많은 답을 Why와 이어지는 How라는 물음을 통해 얻을 수 있다.

사용하는 단어가 나를 결정한다

내 책장에서 제일 큰 부피를 차지하는 것은 사관학교 졸업앨범이다. 책장을 정리하다가 앨범을 펼쳐보니 1983년 1월 29일, 처음 태릉의 사관학교 문을 두드렸던 날의 사진이 눈에 들어왔다. 이날은 일명 가입교라하여 정식 생도가 되기 전 약 한 달가량 진행되는 기초 군사 훈련을 시작하는 날이었다. 아직 앳된 18세 남짓의 남자 아이들이 머리를 짧게 깎은 상태로 어색한 표정들을 짓고 있는 모습은 지금 봐도 생경하다.

기억을 더듬어보니 기초 군사 훈련을 담당했던 3학년 생도들이 우리를 학교 안으로 인솔했다. 함께 왔던 부모·형제들이 돌아가고 한 생도가 다음과 같이 말했다. "여러분의 사관학교 가입교를 진심으로 환영합니다. 이제부터 교육 목적상 존칭은 생략하겠습니다.

이해해 주시기 바랍니다." 그러면서 그들은 어미 사자가 새끼를 강하게 키우기 위해 일부러 낭떠러지에 떨어뜨리는 것처럼 우리를 혹독하게 단련시켰다. 그 중에는 '다'나 '까'로 끝나는 군인의 언행을 강요 받는 것도 있었다.

훈련생도들이 사용하는 말 중에 가장 많이 듣게 되는 말은 바로 '귀관'이라는 단어였다. "귀관, 관등성명이 뭔가?", "귀관, 귀관은 귀관이 하는 일이 무엇을 의미하는지 모르나?", "귀관", "귀관", "귀관"···. 귀관이라는 단어는 수족처럼 우리 곁을 따라다녔다. 우리는 '귀관'이라는 말을 들으면 "네! 9503번 나승용 생도!"라고 즉각적인 반응을 보여야 했으니 '귀관'이라는 단어에 온 신경을 곤두세워야 했다. 귀관이라는 단어를 들으며 우리는 생도로서 절제된 행동을 하고, 하루하루 장교가 되어가고 있었다.

인간의 정체성은 어떻게, 그리고 왜 사용하는 단어에 의해 만들어지는 것일까? 단어가 사람을 변화시키는 것은 언어가 인간의 두뇌에서 수행하는 두 가지 기능 때문이다. 첫째, 주의 집중(Attention)이다. 인간은 동물들에 비해 고의식을 갖추고 있는데 이 고의식은 개념을 구성하는 제반 요소들을 뇌의 여러 영역에 분산 저장시켜 형성됐다. 분산 저장된 요소를 통합하는 과정의 핵심은 뉴런을 연결하는 '타이밍(Timing)'에 있다. 그리고 이 타이밍을 아는 것은 집중이 전제되어야 가능하다. 쉽게 말해 평소 주의 집중을 하고 있어야 적절한 때에 개념을 조합할 수 있다는 것이다. 이러한 원리에 의해 우리는 귀관이라고 호명되는 타이밍에 생도로서 그리고 군인으로서 갖춰야 할 기본 개념을 형성했다.

다음으로 중요한 것은 언어 자체가 갖는 힘이다. 최초의 언어는 단순히 개별 사물을 가리키는 게 아니라 오히려 각각의 사물들이 갖고있는 공동의 특징을 추출하는 것이었다. 이것을 범주화라고 부른다. 이것이 의미하는 바는 인간의 언어는 그 자체로 범주화된 특성이나 가치 등과 밀접한 관계를 갖고 있다는 것이다. 이처럼 인간은 언어를 통해 조직이 추구하는 가치를 범주화하고 생활 전반의 맥락을 파악한다.

결국 조직을 목적 지향적으로 만들려면 구성원들을 집중하게 만드는 조직 구조와 언어 선택이 중요하다. 보다 구체적으로는 이들 상징체계를 조직의 시스템 속에 적용해 조직원들을 더 빨리 주의 집중하도록 해야 하는 것이다.

여기에 더하여 조직원들이 사용하는 언어에 방향성을 부여함으로써 일체감이나 조직에 대한 정체성을 갖게 할 수 있다. 이런 점에서 어떤 조직을 방문하여 구성원들이 주로 쓰는 언어를 확인해보면 분위기나 몰입도, 더 나아가 생산성이나 향후 발전 가능성까지도 파악할 수 있다.

끝에서 출발점을 다시 보라

골프를 인생에 비유하는 사람들이 많다. 골프를 치다 보면 가장 많이 듣는 말이 "힘을 빼세요."다. 부드러운 스윙 템포를 가지면서 필요한 순간에 힘을 집중할 줄 아는 사람이 골프를 잘 친다. 인생도 결정적 순간에 집중을 하기 위해 어느 정도 힘을 빼는 것이 필요하다. "고개 들지 마세요."도 있다. 샷을 할 때는 반드시 공에 집중하면서 스윙해야만 실수를 줄일 수 있다. 인생도 지나친 욕심을 경계하고 자신이 하는 일에 집중해야 원하는 목표를 달성할 수 있다. 또한 골프는 실수를 줄이는 운동이라는 말도 나오는데 이 역시도 우리의 삶과 유사한 점이다. 둘 모두 어느 시점에서 잘했다고 방심하여 실수하는 순간 나락으로 떨어지기 때문이다.

이 외에도 골프와 인생은 공통점이 많은데 게임을 끝낸 후에 처음 공을 쳐올린 곳을 돌아봤을 때 느껴지는 느낌을 둘의 유사점으로 들고 싶다. 처음 공을 치려고 할 때는 어디로 쳐야할지 막막하지만 공이 홀에 들어간 뒤 지나온 길을 돌아보면 전체적인 구성이 한눈에 보이고 코스를 공략할 방안이 떠오른다. 인생도 비슷하다. 어떤 일이 진행되는 중에는 어떻게 흘러갈지 예측하기 어렵지만 일이 마무리되고 되돌아보면 적절한 해결책이 단번에 떠오른다.

목표의 끝을 상정하고 미리 그 끝으로 가서 출발점을 보면 우리는 훨씬 많은 것을 보고 얻을 수 있다. 〈지금 알고 있는 걸 그때도 알았더라면〉은 킴벌리 커버거(Kimberly Kirberger)라는 시인이 쓴 시의 제목이다. 시는 자신이 젊은 시절로 돌아간다면 어떻게 할지를 가정하며 전개된다. 시에서 이야기하고 있다시피 시간이 흘러 뒤돌아봤을 때 그동안 보지 못했던 것들이 보이고 미처 착안하지 못했던 것들이 샘솟는 것을 느끼게 될 때가 많다. 지금 알고 있는 걸 그때도 알았다면 다른 삶을 살았을 것이고 목표의 끝에서 과정을 보면 더 나은 길을 찾을 수 있다.

군에서는 주요한 훈련이나 업무들이 끝나면 AAR이라고 칭하는 사후검토를 한다. AAR은 업무나 훈련이 끝나는 다음 날 훈련에 참가한 사람들 전체가 모여 훈련 내용을 복기해보는 과정이다. 이는 자신들이 참가했던 훈련에 대한 이해의 정도를 깊게 해주고 다음번 훈련에 반영할 수 있는 교훈을 준다. 목표의 끝에 서서 출발점을 다시 보면 우리는 훨씬 쉽고 지혜롭게 과정을 조망할 수 있다. 전체를 보는 눈을 가지고 부분을 보기 때문이다.

이렇게 전체를 보고 전반적인 흐름을 이해했을 때 얻을 수 있는 이점들을 알고 있기에 책이나 보고서를 보면 먼저 전체를 한 번 쭉 훑어 보는 시간을 갖는다. 이때 내용을 이해하고 못하고는 중요하지 않다. 목차를 따라 한 부분도 빼지 않고 그냥 제목이라도 다 읽어보는 것이 중요하다. 이렇게 큰 흐름을 파악하고 처음으로 돌아가 다시 읽어나가면 균형 잡힌 시각으로 내용을 이해할 수 있다. 전체를 먼저 보고 학습을 하면 큰 줄기를 보다 선명히 알 수 있고 과정의 전체 길이를 알 수 있기에 쉬이 지치지 않을 수 있다.

수학 같은 과목도 마찬가지다. 학생들은 수학을 어려워하고 힘들어한다. 개념을 이해하기 어려워하는 경우도 있지만 그에 앞서 수학 공부의 끝이 어디까지인지를 모르기 때문에 포기하는 경우가 많다. 이를 해결하는 방법은 집합에서부터 확률 및 통계까지 이어지는 전체의 흐름을 알려준 후에 각 단락을 교육하는 것이다. 이렇듯 지식의 양과 흐름을 알려주면서 전후 맥락을 설명해주면 수학 공부에 대한 방향성을 가질 수 있다. 목표의 끝 지점에서 전체 과정을 보면 이제까지와는 다른 눈이 생기기 때문이다.

5 장

프로의 직관, 기회를 아는 전문가의 기술

누구나 용기를 이야기하고 계산된 모험을 말할 수 있다.
그러나 결정적 순간에 행동하기 위해서는 뛰어난 지적 능력을 갖고
논리적으로 사고해야 한다.

타이밍을 넘어 템포로

타이밍에 대한 관심이 시간이 흐를수록 커지고 있다. 구글의 기술 이사이며 컴퓨터 과학자이자 미래학자이기도 한 레이 커즈와일 (Ray Kurzweil) 같은 경우는 "타이밍이 성공의 열쇠라는 것을 오래 전에 알았다."라고 말하며 타이밍에 대해 알아내기 위해 사업체까지 설립했다. 커즈와일은 또한 "발명품이나 미래 예측은 대부분 타이밍이 틀려서 실패할 때가 많다."라고 했는데 이러한 타이밍은 개인적인 삶이나 성공에도 지대한 영향을 미친다.

타이밍은 전투의 승리에도 중요하다. 군사적 천재로 불리우는 나폴레옹을 황제의 자리에서 내려오게 만든 워털루 전쟁을 예로 들어보자. 워털루는 지금의 벨기에 워털루 남쪽 5km 정도에 위치한 지점으로 여기에서 1815년 6월, 나폴레옹의 병력과 동맹군 및 프로이센군이 세기의 전투를 벌였다. 전투가 끝나고 나폴레옹은 "분명히 이긴 전투였는데 결국에 지고 말았다. 그런데 왜 졌는지 그 이유를 모르겠다."라고 말했다. 나폴레옹의 말처럼 전투의 전체적인 국면은 나폴레옹에게 유리하게 전개되었다. 그러나 나폴레옹군은 결국 패망하고 말았다. 물론 전투의 승패를 논하는 변수는 수없이 많을 수 있겠으나 워털루 전투에서 나폴레옹군의 패배의 근본적 원인은 지원군을 요청하는 지휘관의 건의를 나폴레옹이 올바른 타이밍에 맞춰 지원해 주지 못한 것에 있다.

전투 당시 나폴레옹은 좌측의 지휘권을 네이(Ney)에게 주었다. 좌측의 네이는 기병 군단을 이용하여 영국군의 방어선을 돌파했고 이어진 영국군의 반격으로 기병 전투 사상 가장 치열한 전투가 벌어졌다. 프랑스군이 열세에 처하자 네이는 나폴레옹에게 보병 지원을 요청했다. 하지만 나폴레옹은 네이가 보병의 지원이 없이 공격을 감행한 것에 화가 나 지원을 거절했다. 물론 나폴레옹은 곧바로 자신의 실책을 인정하고 근위대를 네이에게 보냈다. 그러나 이미 적절한 타이밍이 지났고 영국군이 대반격을 실시하며 나폴레옹군은 무너졌다. 나폴레옹의 오판으로 병력 지원의 타이밍을 맞추지 못해 전쟁의 판도가 바뀌었고 이는 결국 황제의 몰락을 가져왔다.

오늘날 경영학에서는 사례 연구를 통해 타이밍을 파악하는 일이 전략적 성패에 얼마나 큰 영향력을 발휘하는지 강조한다. 미국 아이디어랩 창립자인 빌 그로스(Bill Gross)는 200개 이상의 유명 회사를 조사하고 이들이 성공하게 된 요인을 다섯 가지로 제시하였다. 각 요소가 차지하는 중요도는 타이밍(42%), 팀의 협동력과 실행력(32%), 아이디어(28%), 사업모델(24%), 자본(14%) 순이었다.

한 가지 유념해야 할 사항은 이처럼 중요한 타이밍이라는 요소도 전략을 수행하는 '시점'에 국한한다는 한계를 가진다는 점이다. 원래 타이밍은 음악을 이해하고 감상하는데 있어서 중요한 역할을 했다. 이는 주로 템포(Tempo)와 관련지어 관심을 받아왔다. 템포는 음악이 연주될 때 악보의 어느 시점에서 느려지게 하거나 속도감을 갖게 할지에 대한 것이다.

군에서는 이러한 템포를 작전적 부대 운영의 핵심적 요소로 활용하고 있다. 템포는 '군사 행동을 이뤄내는 속도율로서 전장에서 수행되는 일련의 군사 활동의 속도와 리듬'이다. 여기서 속도율은 첫째, 적시적인 효과를 발휘할 수 있어야 하고, 둘째 아군이 갖는 일방적인 속도가 아닌 상대방과의 관계를 고려해야 하며, 셋째, 속도로 달성한 효과를 유지할 수 있도록 지속성을 발휘할 수 있어야 한다는 것이다.

타이밍에 대한 관심과 연구가 많아지고 있는 이때, 타이밍에 대한 단상을 넘어 템포의 개념으로 전략을 확대해 나갔을 때 우리는 보다 많은 이점을 얻을 수 있다. 무엇보다 우리의 행동의 주도권을 템포를 통해 확보할 수 있다.

타이밍과 템포를 내 것으로 만들어라

　타이밍은 적절한 시점을 말한다. 속된 말로 적시 적절한 조치를 취했을 때 "타이밍 죽인다."라고 한다. 군에서 복무할 때 연설문이나 훈시문을 쓰는 일을 했다. 글을 써본 사람들은 느끼겠지만 다른 사람의 글을 쓰는 일이 쉬운 일은 아니다. 사람마다 전달하고자 하는 메시지가 다르기에 글 쓰는 사람은 실제 글을 사용하는 사람과 이야기를 나누며 퇴고를 거듭한다. 그러나 정작 연설문이나 훈시문을 읽을 때 행사장에 있던 사람들은 내용에 크게 관심을 두지 않는다. 훈시를 듣는 사람들은 대개 빨리 이 시간이 지나가기만을 바랄 뿐이다. 이를 알고 나서는 훈시문이나 각종 글들이 어떤 상황이나 조건에서 읽히는지에 더 많은 관심을 두게 되었다.

　한 해의 시작을 축하하는 시무식 행사 때였다. 보통 군에서는 연병장이라 부르는 야외에서 전 장병이 모여 행사를 진행한다. 매년 1월 초 날씨는 추울 수밖에 없는데 그 해는 유독 추웠다. 거의 영하 십몇 도가 되는 상태였기에 지휘관에게 훈시문 내용을 무시하고 짧게 끝내는 게 좋겠다는 조언을 드렸다. 지휘관 훈시 순서가 되자 지휘관께서는 이렇게 말씀하셨다. "새해 첫날입니다. 여러분을 믿습니다. 여러분이 자랑스럽습니다. 이상." 부대원 모두가 가장 명연설이었다는 말을 아끼지 않았다.

이런 일도 있었다. 초임 장교 교육을 마친 이들을 대상으로 한 수료식 때였다. 무슨 말을 할까 고민하다가 정인이라는 가수가 부른 〈오르막길〉이란 노래로 훈시를 대신하기로 하고 음악을 들려줬다. 녹록지 않은 삶을 이겨내기 위해서는 최선을 다해야만 한다는 내용의 노래에 일순간 숙연해지고 정적이 흘렀다. 행사가 끝난 후, 참석자들로부터 인상 깊은 훈시였다는 이야기를 들을 수 있었다.

앞서 이야기했듯 오늘날 경영학에서는 타이밍을 파악하는 일이 전략적 성패에 얼마나 큰 영향력을 발휘하는지 강조한다. 일례로 스타트업들이 일정 수준 이상의 규모의 경제에 도달하기 위해 위험을 안고서라도 빠른 성장을 추진하는 전략으로 블리츠스케일링(Blitzscaling)이 있다. 이는 제2차 세계대전 당시 독일군의 공격 교리인 전력전(Blitzkrieg)에서 가져온 개념으로 빠른 기동력을 통해 최적의 타이밍에 공격하여 전략적 목표를 달성했던 방법론을 스타트업에 적용한 결과물이다.

이러한 타이밍을 군에서는 주로 템포라는 개념으로 쓰고 있다. 이는 음악의 템포 개념을 군의 작전 수행 개념으로 확대 적용한 것이다. 앞에서도 언급이 되었지만 템포는 세 가지 속성으로 나눠서 살펴볼 수 있다. 상대성과 적시성, 지속성이다. 즉 템포는 상대적인 요소이기 때문에 조직을 둘러싸고 있는 상대가 누구냐를 고려해 우위를 달성하고, 시간이라는 전략 자산을 활용할 기회가 포착되면 이 기회를 확대하여 적절한 시점에 승리하며, 이러한 노력을 특정 시점에만 국한시키지 않고 조직관리 전반에 걸쳐 지속해 나가는 노력을 해야 한다는 것이다. 또, 한미 연합사령부에서 발간한 〈전역 구상과 수행〉 인쇄물에서는 템포의 창출에 대해 네 가지를 언급하고 있다. 첫째, 복합적인 전술 행동의 동시적 수행, 둘째, 후속계획의 적절한 수립 및 시행, 셋째, 상급 지휘관의 의도 안에서 적절한 분권화 체계 유지, 넷째, 불필요한 전투의 회피다.

자기 분야만 알고 제 일만 잘한다고 계획했던 일이 달성되지는 않는다. 모든 일이 사람과의 관계 속에서 이뤄지는 만큼 늘 상대적인 위치와 역할을 가늠해야 한다. 그리고 모든 것에 때가 있듯이 적절한 때를 놓치지 않아야 한다. 마지막으로 급변하는 세상에서 한 번의 성공만으로는 모든 것을 거머쥘 수 없다. 성공과 실패의 사이클 속에서 성공의 비율을 높인 상태를 지속적으로 유지할 때 비로소 내가 바라는 위치에 도달할 수 있다.

전문가의 다섯 가지 '때'

'계절이 지나가는 것을 모르는 것'이 철부지이고 이 말은 아직 깨달음이 부족한 어리석은 사람을 일컫는 의미로 쓰인다. 계절이 변해 가는 것에 따라 준비할 것이 많았던 과거 사람들의 삶에 미루어 볼 때 일의 적절한 시기를 모르는 사람이 곧 어리석은 철부지라고 할 수 있다. 몇 년 전 아이디어로 승부하는 업체를 방문한 적이 있었다. 그 업체가 만든 때밀이 타월 표면에 "사람에게는 다 때가 있다."라는 글귀가 쓰여 있었다. 옳은 말이다. 모든 사람의 몸에 때가 있듯이 사람은 때(時)를 아는 것이 중요하다.

사람에게 때는 인시(人時)와 천시(天時)가 있다. 먼저 인시다. 세상의 모든 일을 이루는 것은 바로 사람이다. 어떤 사람을 만나느냐

그리고 그 만남을 어떤 교류를 통해 이어가느냐가 무척 중요하다. 인재를 얻고 좋은 사람을 곁에 두기 위해서는 무엇보다 늘 상대방을 존중하고 진정성을 바탕으로 대하는 것이 필요하다. 이러한 가르침을 상기시켜주는 말이 《논어》〈이인(里仁)〉편에 나오는 '덕불고필유린(德不孤必有隣)'이다. 덕이 있는 사람은 고립되어 있는 것이 아니고 반드시 따르는 이웃이 생긴다는 뜻이다.

그러나 아무리 능력이 출중하고 우수한 인재가 곁에 있더라도 하늘이 돕는 시기를 만나지 못한다면 궁극적인 목적을 이루기 어렵다. 그 대표적인 사람이 제갈량이다. 사마휘는 유비에게 제갈량을 추천하며 "공명이 주군을 잘 만났지만 천시는 못 만났다."라고 했다. 실제 제갈량은 유비를 도와 조조와 손권의 간담을 서늘하게 하는 묘책을 만들지만 결국 천하의 패권은 조조의 아들 조비에게 떨어졌다. 천운이 따르지 않을 경우에는 천하의 제갈량도 어찌할 수 없는 것이다.

그렇다면 천운이 따르지 않는 사람은 궁극적인 목표를 이룰 수 없을까? 나는 그렇지 않다고 생각한다. 아니, 그렇게 생각하고 싶지도 않다. 위나라가 천하를 장악했지만 패권은 종국에 사마의 가문의 손에 넘어갔다. 사마의 자신도 이야기했듯이 사마의 총명함은 제갈량에 미치지 않았다. 하지만 그는 때를 아는 사람이었고 때를 기다릴 줄 아는 사람이었다. 그리고 결정적인 순간에 시운(時運)를 자기 것으로 만들 줄 아는 사람이었다.

시운을 자기 것으로 만들기 위해서는 다섯 가지를 알아야 한다. 첫째, 준비할 때를 알아야 한다. 어떤 일이든 이미 이겨놓고 싸워야 한다. '선승이후구전(先勝而後求戰)'은 《손자병법》〈군형(軍形)〉편에 나오는 말이다. 전쟁의 결과는 이미 정해져 있는 것이고 오늘의 출전은 실제 승리를 확인하는 과정에 불과하다고 확신할 수 있을 정도로 준비되어야 한다. 승리를 확신할 정도로 철저히 준비한 자만이 승리를 쟁취할 수 있다.

둘째, 시작할 때를 알아야 한다. 이때는 불안을 긍정으로 바꾸는 방법을 가지고 있어야 한다. 아무리 뛰어난 실력을 갖추고 준비를 충분히 하더라도 일을 시작하기 직전에는 긴장감을 느끼지 않을 수 없다. 중요한 것은 느껴지는 긴장감을 어떻게 긍정적으로 활용할 수 있느냐다. 언젠가 음악 밴드 '부활'의 기타리스트 김태원 씨와 이야기를 나눌 기회가 있었다. 그는 노래 경연대회에서 참가자가 걸어오는 모습만 봐도 그 사람의 실력을 확인할 수 있다고 한다. 어떻게 그러느냐고 물었더니 "참가자의 걸음걸이와 고개를 드는 모습, 그리고 눈빛에서 준비된 자의 느낌이 묻어날 수밖에 없다."라고 답했다. 일을 시작할 때, 준비된 자는 긴장감을 오히려 설렘으로 이용한다.

셋째, 흐름 속에서 클라이맥스를 만들어내야 할 때를 알아야 한다. 모든 일에는 결정적 시간과 지점이 있다. 이 순간을 포착하여 승리를 거둘 수 있어야 한다. 말을 잘하는데도 불구하고 내용이 기억에 남지 않는 강연은 강조하고자 하는 바를 정확히 짚어주지 않은 것이다. 시대와 사람들이 원하는 바를 찾아서 강조하고 해결하는 것을 통해 흐름을 나의 것으로 가져와야 한다.

넷째, 공과를 나눌 때를 알아야 한다. 승리를 거머쥐고도 곧바로 무너진다면 공과를 나누는 과정이 올바르지 않았던 것이다. 올바르게 나누는 것이 꼭 정확한 수치로 나누는 것은 아니다. 오히려 더 많은 양을 상대에게 돌리는 것이 중요하다. 같은 양도 손에 쥐면 적게 보이는 법이다. 받는 사람이 불만을 가지지 않도록 더 많은 양을 주어야 한다. 군에서 하는 유격 훈련 중에는 갈증을 이겨내는 정신력을 기르는 훈련이 있다. 이 훈련이 끝나고 물을 나눠 마실 때 어느 교관이 이런 말을 했다. "마지막에 먹는 사람이 제일 많이 먹게 하라." 이것이 올바르게 공과를 나누는 것이라 생각한다.

다섯째, 떠나야 할 때를 아는 것이다. 마지막 순간이 아름다우면 더러움도 묻힌다. 많은 것을 이뤘음에도 불구하고 떠나지 못하고 욕망의 끈에 매달리는 경우를 자주 볼 수 있다. 십중팔구는 성공의 빛이 바래고 나락으로 떨어진다. 이라크 전쟁과 아프가니스탄 전쟁을 성공으로 이끈 토미 프랭크스는 전쟁 후 미 육군 참모총장을 맡아달라는 제의에 그는 "그 직책은 나의 분야가 아니다."라고 거절했다. 그의 아름다운 퇴장이 군인이었던 나에게 깊은 인상을 줬다. 여러 때 중에서도 떠나야 할 때를 아는 것이 정녕 아름답다.

계산된 모험

군인이라면 최소한 다음 세 가지 조건을 갖추고 있어야 한다. 첫째, 전략·전술의 생활화다. 둘째, 계산된 모험을 할 줄 안다. 셋째, 부하에 대한 지극한 사랑을 가진다. 여기서 둘째 사항으로 언급된 '계산된 모험'이라는 말은 사실 미군 장군 조지 패튼(George Smith Patton Jr)이 했던 말이다. 나는 이 말을 좋아하고 또 그의 말처럼 행동하려고 노력했다. 패튼은 이렇게 말했다.

"모든 사람들이 똑같은 생각을 하고 있다면 그때 누군가는 다른 생각을 하고 있다. 나는 군인으로서 명령받은 곳에서 싸우고 싸우는 곳에서 승리를 거머쥔다. 나를 이끌든지 아니면 나를 따르든지 하라. 그것도 아니라면 내 앞에서 꺼져라. 신은 나와 싸우는 적을 용서할지라도 나는 결코 그들을 용서하지 않으리라. 계산된 모험을 감행하라. 이것은 무모함과는 확연히 다른 것이다."

계산된 모험이라는 단어에 형용사로 붙어있는 '계산된'이라는 말의 의미를 명확히 해야 한다. 사전에 계산하지 않고 행하는 무모한 모험은 모두를 파멸로 이끌 수 있다. 그렇기에 행동에 앞서 주어진 정보나 제반 요소를 취합하여 합리적인 방안을 마련하는데 온 역량을 집중해야 한다. 그리고 위험 요소를 확인하여 성공 가능성 여부를 판단해야 한다. 이러한 계산을 하고 난 다음 행동으로 옮겨야 한다. 지나친 낙관으로 무모하게 행동하는 것도 문제지만 지나친 비관에 빠져 행동하지 않는 것도 문제다. 계산된 모험은 결코 무모함이 아니며 소심함도 아니다.

군 생활 동안 지적으로 뛰어난 군인도, 인격적으로 훌륭한 군인도 많이 봤지만 계산된 모험을 감행하는 군인을 본 적은 많지 않다. 오히려 지적으로 뛰어난 군인이 결정적인 순간에 주저하고 인격적으로 훌륭한 군인이 행동이 필요한 순간에 좌고우면(左顧右眄)하여 상황을 망치는 경우를 적잖게 봐왔다. 이런 면에서 계산된 모험은 지적 능력을 갖추고 인격적으로 무장된 프로페셔널로 완성되는 마지막 완결 조건이라고 할 수 있다.

전방 부대에서 근무하며 수많은 상황 모의 훈련을 했다. 한 번은

GOP 철책으로 귀순자가 발생한 상황을 가정하여 훈련한 적이 있다. 눈이 며칠째 내린 까닭에 DMZ는 거의 1m 이상의 눈으로 뒤덮여 있었고 귀순한 병사의 발자국을 따라 추격조가 붙은 상황이었다. 우리는 군사분계선을 넘어온 추격조가 다시 북측으로 넘어가기 전 이들을 잡아야만 했다. 날이 점점 어두워져 시야가 불분명해졌다. 주어진 시간 내에 상황을 종료시키기 위해서는 DMZ 안쪽에 조명을 띄우고 화기를 사용해 추격조를 사살해야 했다. 하지만 DMZ 안에 화기의 반입은 금지되어 있고 상황을 공유하고 해결책을 찾기에는 시간이 없었다. 이 상황 모의 훈련의 핵심은 작전 목적의 달성과 규정의 준수 사이에서 오는 딜레마를 어떻게 풀어가면서 결심하고 실행에 옮기는가 하는 것이다. 하지만 훈련을 하던 이들도 통일된 의견을 내놓지 못했다.

자기 분야에 정통하고 숙달된 상황 처리 능력을 가진 전문가만이 계산된 모험을 감행할 수 있다. 누구나 용기를 이야기하고 계산된 모험을 말할 수 있다. 그러나 결정적 순간에 행동하기 위해서는 뛰어난 지적 능력을 갖고 논리적으로 사고해야 한다. 그리고 이러한 계산 과정이 우리의 세포 속에 각인되어 있어야만 위기의 순간에 곧바로 결심하고 행동으로 옮길 수 있다. 그래서 나는 계산된 모험이 준비된 자에게 주어지는 기회라고 생각한다.

삶은 선택의 연속이다. 그리고 그 선택에 의해 우리 삶의 성공과 실패가 판가름난다. 그러나 최고점에서 최선의 선택만 하는 것은 쉽지 않은 일이다. 계산된 모험만이 최선에 가장 가까운 선택을 하는 길이다.

오늘도 나는 '지금, 이 순간 계산된 모험을 할 수 있는가?'를 수시로 자문한다. 아참, 패튼이 했던 말 중에서 마지막 이 한 구절을 빠뜨렸기에 추가한다.

"의심에 휩싸일 때, 차라리 공격하라(When in doubt, ATTACK!)."

주어진 시간을 가늠하고 관리하라

시간 관리의 달인이라고 하면 과학자 류비셰프(Aleksandr Lyubishchev)를 능가할 사람이 많지 않다. 그는 곤충을 연구하는 학자임에도 불구하고 농학, 유전학, 식물학, 수학, 철학, 역사, 문학, 윤리학 등 다양한 분야의 저작물을 남겼다. 그렇다고 그가 오직 일에만 매달린 것은 아니다. 그는 매일 8시간 이상 자고 운동과 산책을 즐기는 풍요로운 휴식을 의무처럼 즐겼다. 류비셰프가 평범한 삶 가운데서도 뛰어난 성과를 낼 수 있었던 것은 56년 동안 매일 자신에게 주어진 시간을 철저히 통제했기 때문이다.

모두가 류비셰프처럼 하루도 빠지지 않고 자기 삶의 시간을 분석해야 한다고 말하고 싶지는 않다. 다만 자신에게 주어진 삶의 총시간에 대한 관리를 권장하고 싶다. 인간에게는 한없이 많은 시간이 주어지지 않는다. 그렇기에 '인간이 가장 먼저 소장해야 하는 것은 시간'이라는 말이 있는 것이다.

　육군사관학교에서는 시험을 치를 때 감독관 없이 생도들이 스스로 시험을 통제하고 진행한다. 시험의 전반적인 진행을 담당하는 교반장이 시험이 끝날 무렵이면 시간을 알려준다. "시험 끝 5분 전!"이라는 말을 들으면 이후에는 설령 아는 문제더라도 답을 쓰기 쉽지 않다. 시간이 얼마 남지 않았다는 생각에 사고 영역이 제약을 받기 때문이다. 이후 1분이 남았다는 교반장의 외침이 들리면 최소한 내 시험 답안지에 제대로 이름이나마 썼는지 확인하는 것으로 만족해야 한다. 이러한 시험제도 속에서 준비한 것을 다 하지 못하고 허탈하게 마무리했던 경험이 많다. 우리의 삶도 이와 다르지 않다. 비록 시험에서는 허탈함을 맛봤을지언정 공허함을 느끼며 생을 마감하고 싶지는 않다.

　시간 관리의 문제는 개인의 역량에 비례하는 것도 아니다. 중국이 낸 최고의 지략가였던 제갈량도 결국 자신에게 주어진 삶의 총시간 관리에 실패해 최종 승리를 사마의에게 넘겨줬다. 제갈량은 마치 모든 문제에 완벽한 답을 제시할 수 있지만 시간 배분을 하지 못해 백지를 제출하는 수험생과 같다.

　나에겐 육군대학에서 치렀던 시험에 대한 추억이 있다. 참모학이라는 과목이었는데 시험 내용은 거의 열 가지에 가까운 이론과 참모 역할을 기술하는 것으로 구성됐다. 나는 각 분야를 최고로 잘 알지는 못했지만 상식에 기초해서 답안을 기술하며 시간을 배분하는 데 주력했다. 그러나 시험을 치르고 이야기를 들어보니 대부분의 학생 장교들이 마지막 한두 문제는 미처 풀지도 못하고 제출했다는 것을 알게 됐다. 자신이 잘 아는 분야의 내용을 기술하느라 너무 많은 시간을 써버린 결과였다. 시험은 내용도 중요했지만 범위가 너무 넓었기 때문에 시간을 잘 배분한 사람의 손을 들어줄 수밖에 없었다. 그 결과 평범한 답을 써냈지만 모든 문제를 다뤘던 내가 생각지도 못할 정도로 좋은 점수를 받을 수 있었다.

이러한 시간 관리 문제에서 아이폰의 창시자 스티브 잡스도 예외일 수 없었다. 그는 천재적인 발상과 역량을 우선한 인간 관리, 극한까지 밀어붙이는 추진력을 가지고 많은 것을 이뤘지만 삶의 총시간 관리 앞에 무너졌다. 언제까지 인간의 생명은 하늘에 달려 있다는 말만으로 위안을 삼거나 끌려다닐 수는 없다고 본다. 우리는 주어진 시간을 가늠하고 이를 토대로 추구하는 삶의 의미와 가치에 따라 시간을 분배하는 지혜가 필요하다. 이는 누구나 할 수 있는 일이지만 아무나 할 수 없는 일이기도 하다.

단번에 알아보는 힘

내가 군에서 수행했던 일 중 하나는 공보 상황을 처리하는 것이었다. 공보 상황은 군에 위기가 발생 시 언론 및 국민들이 보이는 여론의 추이를 살피면서 군의 올바른 메시지를 전달하는 일이다. 공보 상황의 대표적인 특징은 제한된 정보를 가지고 짧은 시간 내에 대응책을 마련해야 한다는 것이다. 따라서 공보 상황을 원만하게 잘 처리하기 위해서는 위기를 관리하는 기준과 절차를 가지고 있어야 한다.

그런 만큼 나는 공보 상황을 처리하는 장교들에게 종종 이런 질문을 하곤 했다. "공보 상황을 처음 접하게 되면 무슨 일을 가장 먼저 하는가?" 사람마다 대답은 조금씩 다르지만 거의 비슷하게 말한다. "팩트를 확인합니다.", "사실관계와 전후 사정을 파악합니다.",

"육하원칙으로 파악합니다." 등 나 역시도 공보 상황을 처리하던 초창기 시절에는 이 범주에서 맴돌았다. 이들의 대답이 틀린 말은 아니지만 조금 아쉬운 면이 있다고 생각했기에 이런 이야기를 해주곤 했다.

"일단 공보 상황을 접하게 되면 파악하고 있거나 접수된 내용들을 토대로 어떤 그림이 머릿속에서 그려지는지를 1~2분 정도 가늠해보는 시간을 가져라. 제일 처음 떠오른 이미지가 앞으로 전개될 공보 상황과 별반 다르지 않을 것이다."

바쁘고 긴박한 순간에 시간을 내서 떠오르는 이미지를 그려보라는 내 말에 많은 사람들은 의아하다는 반응을 보인다. 그러나 나는 순간적인 판단과 무의식적인 생각의 힘을 믿는다. 말콤 글래드웰(Malcolm Gladwell)은 《블링크》라는 책을 통해 순간의 판단을 강조한다. 블링크는 '눈 깜박하는 순간의 판단이나 무의식적인 생각의 힘'을 말한다. 그는 책을 통해 압박감이 높은 상황 속에서 신속하게 결정을 내려야 하는 순간에 블링크가 가져다주는 영향력이 매우 크다는 것을 언급한다. 하지만 동시에 순간적인 판단이 잘못되어 일을 그르칠 가능성 또한 있다고 말한다. 따라서 순간적인 판단이나 결정을 올바르게 내리기 위해서는 짧은 순간에도 발휘할 수 있는 역량을 갖추기 위한 노력이 필요하다.

이 노력을 위해서는 몇 가지 거쳐야 할 단계가 있다. 먼저 뇌 회로가 가동되는 것을 의식적으로 관찰할 수 있어야 한다. 인간의 뇌는 좌뇌와 우뇌로 구분되어 있고 뇌량을 통해 양측 반구의 뉴런이 통합적으로 작용한다. 우뇌는 자유롭고 직관적으로 생각하는 반면에 좌뇌는 우뇌가 만들어낸 풍성하고 복잡한 순간들을 일정한 패턴으로 만들어 재빨리 처리한다. 복잡한 뇌 기능을 지나치게 축약한 면은 있지만 우뇌는 새로운 가능성을 받아들이고 틀에서 벗어나 사고하려 한다면 좌뇌는 일정한 틀을 만들고 그에 맞춰 일 하는 것이라 말할 수 있다. 문제는 보통의 사람들이 일단 좌뇌로 판단을 내린 후 우뇌로 생각을 전환하지 못한다는 데 있다. 따라서 짧은 순간 좌뇌가 고정적인 패턴을 만들려는 것을 막을 수 있어야 한다.

다음으로 내면에서 일어나는 감정에 휩쓸리지 않아야 한다. 우리는 감각계로 정보를 받아들인다. 그리고 이를 감정을 담당하는 변연계가 처리한다. 그래서 어떤 메시지가 고차원적인 사고를 담당하는 대뇌피질에 도달하게 될 때는 이미 '감정'이 실려있다. 즉 인간은 감정을 먼저 느끼는 존재인 것이다. 긴급한 상황에 부정적인 감정이 먼저 느껴져 뇌가 통제 불능이 될 때가 있다. 이때, 부정적 감정의 반응이 사라질 때까지 기다릴 수 있어야 한다. 이는 통상 90초 내외라고 한다. 이후에는 우뇌와 좌뇌의 상호작용을 이용할 자신만의 방법을 가져야 한다. 즉 우뇌를 사용하여 평정심을 갖고 이어서 좌뇌를 사용하여 해결책을 모색해야 하는 것이다.

우리가 당연하게 쓰고 있는 컴퓨터 마우스나 그래픽 사용자 인터페이스(GUI, Graphical User Interface)의 상용화 과정에서 순간적인 판단의 힘을 느낄 수 있다. 1979년 12월 스티브 잡스가 제록스의 팔로알토연구센터(PARC)를 방문했을 때였다. 그는 GUI와 커서를 움직이는 마우스를 보고 단번에 미래 소형 컴퓨터들의 형태를 그려냈다. 그 결과 GUI를 갖춘 최초의 PC인 매킨토시(Macintosh)가 탄생했다. 이처럼 좋은 아이디어는 예기치 못한 순간에 섬광 같은 통찰력(Flash of insight)으로 올 때가 많다. 그러나 이러한 섬광 같은 통찰력은 소형 컴퓨터를 만들어내기 위해 수많은 시간을 고뇌했던 스티브 잡스의 노력에 끈을 묶고 있다.

결국 인간이 위기 상황을 해결해 나가는 과정에서 보여주는 통찰력과 직관은 수많은 경험과 노력이 응축된 고뇌의 산물이라고 할 수 있다.

보이지 않는 것을 보고 들리지 않는 것을 들어라

"신기(神氣)가 있다."라는 말을 듣는 사람들이 종종 있다. 흔히 앞날의 예측을 잘하는 사람을 일컬을 때 비유적으로 이런 말을 하곤 한다. 비슷하게 '앉아서 천 리를 본다.'는 옛말도 있다. 십 리가 4km를 뜻하니 천 리는 400km로 한양을 중심으로 한반도 남북을 의미한다고 볼 수 있다. 따라서 이 말은 나라 사정 전부를 꿰뚫어 보는 혜안을 가졌다는 의미로 읽힌다. 이처럼 '신기가 있거나', '앉아서 천리를 보는 능력'은 실제 달성될 수 있는 말인가? 나는 충분히 달성 가능한 일로 본다. 실제 우리 주변에 이러한 능력과 비범함을 가진 사람이 적지 않고 평범한 사람도 조금만 노력하면 그런 수준에 오를 수 있는 가능성이 열려 있기 때문이다.

평범한 사람은 어떻게 비범해질 수 있는가? 먼저 반복을 습관처럼 해야 한다. 군사 지도를 처음 접한 사람은 이를 어떻게 읽어야 할지 어려워한다. 교관이나 지도에 익숙한 사람들은 한결같이 "지도에서 새소리와 물소리를 들어야 한다."라고 조언한다. 지도를 처음보면 선으로 표현된 도로만 보이고 실제 차량이나 전차가 움직이는 길의 모습은 떠올리기 쉽지 않다. 지도를 깊이있게 이해하기 위한 가장 좋은 방법은 지도를 수시로 들여다보는 것이다. 처음에는 지도가 낯설게 느껴지지만 자꾸 들여다보면 지도가 점차 친숙해진다. 이러한 과정이 지나면 지도를 가지고 산에 올라가 지형과 직접 대조한다. 그러면 이론과 실제의 차이점이 드러나고 지도에 대한 독해력은 그 깊이를 더하게 된다. 이때서야 지도에서 새소리와 물소리를 들을 수 있는 것이다.

그 다음은 뇌의 배선을 바꿔야 한다. 한 가지를 오래 접하면 사람의 뇌는 작동 메커니즘을 이에 적합하게 바꾼다. 이를 뇌과학에서는 '신경가소성(Neuroplasticity)'이라고 부른다. 신경가소성은 경험이 신경계의 기능과 구조를 변형시키는 현상이다. 영국 런던대학교의 휴고 스피어스(Hugo Spiers) 박사는 런던 택시기사들의 뇌에서 해마가 매우 발달되어 있다는 것을 발견한다. 택시기사들은 택시 운전을 하기 위해 수많은 도로와 주요 지점들을 외우고 직접 다닌 결과로 기억을 담당하는 해마가 발달한 것이었다. 이처럼 우리의 뇌는 꾸준한 반복을 통해 발달시킬 수 있다.

마지막으로 추론을 최대한 활용해야 한다. 보통 동물의 감각은 인간의 감각을 능가한다. 하지만 인간이 다른 동물보다 탁월한 부분도 있다. 그것은 보이지 않는 세계를 추론하여 구성하는 능력이다. 인간은 추론을 통해 보이지 않는 세계와 들리지 않는 실재를 재구성한다. 하지만 추론을 통해 세계를 재구성하려면 단순히 사실을 아는 것뿐만 아니라 무엇이 중요한지 판단할 수 있어야 한다. 영화 〈빠삐용〉에서 주인공은 파도의 흐름을 관찰하여 사방이 절벽과 파도로 막힌 악마의 섬을 탈출한 유일한 사람이 되었다. 그는 시간만 나면 바위에 부딪히는 무시무시한 파도를 바라보았고 일정한 주기로 한 번씩 먼바다로 가는 이안류(離岸流)를 발견했다. 탈출 방법을 찾은 그는 한 마리의 자유로운 새가 되어 파도 위로 몸을 던졌다. 지식에 지혜를 더했을 때 인간은 보이지 않는 것을 보고 들리지 않는 것을 들을 수 있다.

One Shot One Kill, 기회를 놓치지 말라

저격수는 원거리에서도 저격할 수 있도록 고도로 훈련된 사람을 말한다. 저격수가 부대 전투력에 미치는 영향력은 실로 대단하다. 제1차 세계대전에서 적 1명을 사살하는 데 사용된 총알이 약 7,000 발이라고 한다. 반면 저격수는 적 1명을 사살하기 위해 총알을 1.7 발을 사용했다. 이러니 가히 'One shot one kill'의 대명사가 바로 저격수라고 할만하다.

저격수의 임무는 목표물을 찾아내서 명중시키는 것만이 아니다. 오히려 후방으로 침투하여 적의 규모나 위치 등을 파악하는 임무가 우선적으로 부여된다. 따라서 은밀하게 침투하고 흔적 없이 활동해야 하는 저격수에게는 엄청난 체력과 고도의 집중력이 요구된다. 7kg이 넘어가는 저격 소총을 들고 표적까지 은밀히 침투하기 위해서는 상상 이상의 인내력과 집중력이 필요하다.

　체력과 집중력이 모든 저격수가 갖춰야 할 조건이라면 최고의 저격수가 되기 위해서는 무엇을 갖춰야 할까? 무엇보다도 맞닥뜨린 상황의 의미를 직감적으로 이해하는 능력이 필요하다. 이는 목표 달성을 위한 조건이나 자신이 처한 상황, 그리고 임무 완수 가능성에 대한 판단을 모두 포함한 종합적 이해를 의미한다.

　우리는 주어진 삶속에서 각자가 가진 운명을 저격해야 한다. 운명은 정해져 있는 것이 아니라 끊임없이 변화한다. 운명의 운(運)이라는 한자는 운명이 고정되어 있지 않고 동적으로 움직인다는 의미를 이미 보여주고 있다. 매 순간 변화하는 운명을 쏘아 내 것으로 만들기 위해서는 자신이 현재 맞닥뜨린 상황을 제대로 이해하고 판단할 수 있어야 한다.

　우리가 삶을 살아가다 보면 여러 상황과 일을 접하고 다양한 사람들을 만난다. 그런데 나중에서야 그 순간이 정말 중요했고 그 사람이 정말 소중한 사람이었다는 것을 깨닫는다. 운명을 놓치지 않기 위해서는 늘 진정성을 가지고 운명을 대해야 한다. 그런 다음 때를 기다리며 주어지는 기회를 놓치지 않도록 대비해야 한다.

　사드(Terminal High Altitude Area Defense, THAAD) 레이더파를 취재하기 위해서 국방부 풀 기자단과 미국령 괌으로 날아간 경험이 있다. 미군 측에서는 동영상 촬영은 금하고 딱 한 번의 사진 촬영 기회만을 제공한다는 것을 조건으로 내세웠다. 사진 촬영도 미군 측에서 촬영하여 제공하는 방식이었다. 사드 기지를 타국에 처음 공개하는 자리이기 때문에 이 조건을 수용할 수밖에 없었지만 책임자인 나로서는 딱 한 번의 기회밖에 없다는 사실이 굉장히 난감했다. 한 차례의 기회를 최대한으로 살리기 위해 나는 촬영을 담당했던 공군 중사에게 내가 요구하는 장면을 연이어 촬영해 달라고 부탁했다. 이렇게 정지되어 있는 사진이지만 움직이는 효과를 주어 TV 방송 기자들도 만족스럽게 현장 취재를 마칠 수 있었다.

단 한 발의 사격으로 목표물을 제거하는 것도 중요하지만 자신에게 주어지는 기회의 의미를 놓치지 않고 깨닫는 것은 더욱 중요하다.

도약 준비, 금을 밟아라

GOP는 일반전초로 약 248km의 남방한계선 철책 경계 근무를 담당하는 초소를 말한다. GOP를 처음 접한 것은 생도 4학년 때 소위 임관을 앞두고 이뤄진 전방 실습 때였다. 그때 GOP 정경을 보고 느꼈던 기분을 지금도 잊지 못한다.

남북이 각각 2km씩 갖고 있는 DMZ 내에 우리가 틀어놓은 음악 방송과 북한군의 선전 방송이 맞물렸다. 그렇게 빚어지는 소리의 향연에 묘한 기분이 들었다. 그리고 저녁이면 오렌지색 경계등이 만들어내는 따뜻한 색감과 차가운 철책이 어우러져 설치 미술 작품을 연상케했다.

하지만 처음 느꼈던 긴장감과 새로움도 반복되는 생활 속에서는 지루함으로 금세 퇴색된다. GOP에서 일주일을 보내고 경계에 선다는 것은 '두려움을 감내하는 동시에 지루함을 이겨내는 일'이라는 것을 깨달았다.

공동경비구역(JSA) 휴전선 가운데 유일하게 남과 북의 군인들이 얼굴을 맞대고 있는 지역이다. 서울에서 출발하여 JSA에 들어가려면 먼저 통일대교 남단에서 통일부나 유엔군사령부의 사전 허가를 받아야 한다. 이 첫 번째 검문소를 통과 후 5분 정도 차량으로 이동하면 판문점 공동경비구역 경비를 담당하는 JSA 경비대대 입구가 나타난다. 아치형 간판에 써있는 JSA의 부대 구호 'In front of them all(최전방에서)'이라는 짧은 글귀가 '최전선을 지키는 부대'라는 강한 울림을 느끼게 한다.

군의 철책 경계에서부터 삶에 이르기까지 경계에 서지 않으면 인간이나 조직은 뒤처질 수밖에 없다. 새로운 변화와 발전의 동력이 바로 경계에서 비롯되기 때문이다. 우리는 어느 영역으로 들어가면 안정감을 느끼고 소속감을 향유한다. 그러나 영역 내부에서 영역의 가장자리로 시선을 옮겨보면 곧바로 불안감을 느끼고 변화에 촉각을 곤두세울 수밖에 없다. JSA 부대의 상징 문구는 최전방 경계에서 변화와 불안을 누구보다 빨리 느끼고 대비하겠다는 JSA 부대의 근무 자세를 단적으로 드러낸다.

인간이 변화에 적응하고 더 나아가 변화를 유도해 내기 위해서는 경계에 서야만 한다. 현재와 미래의 경계에 서야 하고 지식의 경계에도 서야 하며 때론 인간과 비인간의 경계에도 서야 한다. 그래야 위기와 기회를 동시에 볼 수 있고 새로운 변화에 조직이 잘 적응하도록 인도할 수 있다.

500년을 이어오던 조선이 힘없이 무너져내린 것은 경계에 서지 않았던 데서 비롯되었다. 경계에 서기를 주저하지 않았던 일본은 1894년 청일 전쟁부터 1945년 50여 년간 아시아 전역을 누비며 정복 전쟁을 치렀다. 약육강식의 살벌한 생존 법칙이 정의였던 제국주의 시대에 일본은 당시의 패권국이었던 영국에 힘을 보태며 동북아의 패권국가로 인정받고자 했다. 이때 만약 조선이 경계에 서기를 주저하지 않았다면 동북아와 세계의 역사는 많은 부분 바뀌었을 것이다. 적어도 대한해협 너머로 단 몇 척의 경계병을 내보냈더라면 군국주의적 팽창을 꿈꿨던 일본의 움직임을 파악할 수 있었을 것이다. 그리고 세계 변화를 적극적으로 수용하는 일본의 노력도 감지할 수 있었으리라. 경계에 서는 자가 세상을 이끈다.

6 장

프로의
일상력,
기회를 놓치지
않는 방법

단순히 무엇을 알거나 경험했다는 것만으로는
절대 전문가의 수준에 이를 수 없다. 전문가의 수준에 이르고 싶다면
스스로에게 세포에 저장된 지식들이 얼마나 되는지 물어야 한다.

오늘 밤, 당장 싸우더라도

주한미군의 비전은 '오늘 밤 당장 싸워도 승리할 수 있도록 준비되어 있어야 한다(Fight tonight).'이다. 그렇다면 당장 싸워도 승리할 수 있는 준비된 강한 군대를 판단하는 기준은 무엇일까? 각국이 발행하는 국방 백서 등을 보면 주로 병력의 규모나 국방 예산 그리고 각종 무기체계나 첨단화 정도로 강한 군대를 판단한다. 그러나 이러한 정량적인 통계 말고도 구성원들의 행동 양식을 통해 강한 군대를 판단할 수 있다.

첫째, 머리가 짧다. 미군은 장군에서 신병에 이르기까지 머리를 짧게 깎는다. 이들이 머리를 짧게 자르는 이유는 머리에 총상을 입을 경우 수술에 필요한 시간을 최소한으로 줄이기 위해서다. 머리 길이처럼 사소해보이는 것도 전투력 발휘에 직결되어 있다. 이런 면에서 강한 군대는 일상생활에서도 늘 전투를 대비하는 군대라고 말할 수 있다.

둘째, 깔끔한 복장과 자세를 유지한다. 교육기관에서 근무하는 미군 교관들은 자기관리가 엄격하기로 유명하다. 이들은 자기가 맡은 수업이 있으면 그 전날에는 절대 술을 마시지 않고 심신을 최상의 상태로 유지한다. 그리고 수업에 들어갈 때는 군복 중 최고로 양호한 것을 골라 깔끔한 상태로 수업에 임한다. 얼굴이 비칠 정도로 반짝반짝 광을 낸 신발과 칼같이 다린 복장을 착용하고 열정을 다해 수업하는 모습을 보면 그 자체로 존경심을 불러일으키기에 부족함이 없다.

셋째, 직책을 존중하고 직책 수행에 대한 자긍심이 크다. 이스라엘군을 방문했을 때 전선의 현황과 임무 수행에 대한 브리핑을 갓 고등학교를 졸업한 여군 병사가 하는 것을 보았다. 해당 병사는 브리핑을 하거나 자신의 직책에 관해 대화를 나눌 때 주저하거나 떨지 않았다. 어린 나이지만 자신의 직책이 가진 책임과 권한을 잘 알기 때문일 것이다.

개인적으로 미국 해군의 니미츠급 항공 모함인 USS 로널드 레이건호 함장과 이야기를 나눌 기회가 있었다. 함장과 나눈 단 몇 마디 이야기 속에서도 함장이 자신의 직책에 대한 무한한 자긍심으로 뭉쳐 있다는 것을 느낄 수 있었다. 그는 단순히 함장이라는 군인의 역할에 머물지 않고 군사외교관으로서 미국의 힘을 해외에 알리는 첨단에 서있다는 자긍심으로 무장되어 있었다. 이렇듯 강한 군대는 병사에서 장군에 이르기까지 자기들이 수행하고 있는 일에 대해 자긍심을 갖는다.

넷째, 자신이 수행해야 할 업무를 가장 먼저 파악하고 자신이 달성해야 할 업무를 무엇보다 우선시한다. 미군 장군들은 보직을 받으면 가장 먼저 임무 수행철을 살핀다. 그리고 자신이 수행해야 할 임무를 빠르게 식별하고 곧바로 업무를 진행한다.

그렇다면 오늘 밤 싸워도 이기는 삶을 살기 위해서는 무엇이 준비되어 있어야 할까? 나는 이것을 ICT(Image, Contents, Timing)로 풀어서 설명하고자 한다. 먼저 타인에게 자신의 이미지를 긍정적으로 각인시켜야 한다. 우리가 어떻게 행동하느냐에 따라 자신의 이미지가 만들어지는데, 어느 정도 시간이 흐르면 이 이미지가 오히려 나를 이끌어 가는 것을 느낄 수 있다. 따라서 자신이 되고 싶은 이미지를 정하고 생활을 통해 새겨나가야 한다.

다음으로 자신만의 콘텐츠를 보유하고 있어야 한다. 물론 자신이 가진 콘텐츠를 사람들이 선호하지 않을 수도 있다. 그러나 어떤 콘텐츠라고 하더라도 최고 수준이라면 사람들은 관심을 가진다. 그런 만큼 자신만의 콘텐츠를 선정했다면 이를 사람들이 좋아하고 찾을 수밖에 없도록 최고 수준으로 갖춰야 한다.

마지막으로 자신에게 주어지는 기회를 놓치지 않고 잡아낼 수 있도록 늘 기회를 주시하고 있어야 한다. 아무리 뛰어난 기량을 가지고 있더라도 선보일 기회를 갖지 못한다면 이는 아무런 의미가 없다. 이러한 타이밍은 주어질 수도, 자신이 만들어갈 수도 있다. 그러나 타이밍을 놓치지 않을 가장 확실한 방법은 변화와 기회의 가능성을 늘 염두에 두고 준비되어 있는 것이다.

최소 예상선을 취하고
최대 상상선으로 나아가라

리델 하트(B. H. Liddell Hart)는 영국의 군인이자 군사학자로서 간접접근전략을 발표하고 이를 바탕으로《전략론》을 편찬했다. 그가 말하는 전략의 핵심은 적을 위치에서 이탈(Dislocation)시키는 것이다. 이를 위해 적의 부대를 분리하거나 퇴로를 차단하는 등 간접접근전략이 사용된다. 그는 전선의 측면을 우회하여 적의 배후를 공략하는 것을 지향했는데 이 과정에서 물리적으로는 적의 대비가 가장 적은 최소 저항선(Line of least resistance)을, 심리적으로는 적이 미처 고려하거나 판단하지 못했던 최소 예상선(Line of least expectation)을 취하여 적을 교란시키고자 했다. 쉽게 말해 상대가 대비하지 않은 곳에 예상할 수 없던 변칙적인 방법으로 공격해야 승리를 얻을 수 있다는 뜻이다. 이처럼 최소 저항선과 최소 예상선을 취한다는 생각은 《손자병법》 〈허실(虛實)〉편의 '출기소불추 추기소불의(出其所不趨 趨其所不意)', 즉 '적이 출동할 수 없는 곳으로 진격하고 적이 의도하지 않은 장소를 공격한다.'라는 말과 상통한다.

삶 속에서도 간접접근전략을 활용할 수 있다. 특히 상대방이 예상하지 못한 최소 예상선을 파고드는 전략은 설득에 큰 효과를 발휘한다. 인간은 개념에 기초하여 예측하고 그 예측을 기반으로 행동한다. 그래서 우리는 예측을 벗어나서 다가오는 상대의 앞에서는 자유롭게 행동할 수 없고 상대에게 휩쓸릴 수밖에 없다. 고 정주영 현대 회장이 영국의 A&P 애플도어의 회장과 담판을 벌인 이야기가 그 예다. 1970년대 초반, 자금과 기술력 모두 없었던 한국 기업이 영국 은행으로부터 돈을 빌리려면 A&P 애플도어 롱바텀(Charles B. Longbottom) 회장의 신용보증이 반드시 필요했다. 그러나 롱바텀 회장은 한국의 잠재력이 의심스러운 만큼 지원하기 어렵다는 입장이었다. 이러한 상황을 반전시킨 것은 당시 500원짜리 지폐에 그려진 거북선을 보여주면서 정주영 회장이 던진 한마디였다. "이것은 거북선이라는 배다. 한국은 1500년대에 이미 철로 된 거북선을 만들 정도로 잠재력이 큰 나라다. 이것은 영국보다 300년이나 앞선 것이다." 정주영 회장은 롱바텀 회장의 최소 예상선을 취하며 난국을 타개할 수 있었다.

최소 예상선과 최소 저항선은 동전의 양면과 같다. 예상하지 못했기에 대비하지 못한 것이다. 여기에 더하여 보다 확실하게 문제를 해결하고 승리를 거머쥐기 위해서는 최대 상상선을 만들어야 한다. 최대 상상선은 내가 가진 수단으로 최대의 목표치를 달성할 수 있는 방법을 생각하는 것이다. 이를 위해서는 두 가지 전제 조건이 갖춰져야 한다. 첫째는 본질과 다름이고, 둘째는 창조성이다. 본질은 문제나 사안이 갖고 있는 고유의 성질이다. 다름은 본질에 가치판단이 개입하며 다르게 해석되는 부분이다. 쉽게 말해 다름은 본질을 자신의 시각으로 해석하는 것이다. 창조성은 '어떻게'의 답을 만들어내는 능력으로, 최대 상상선을 달성하기 위한 방법을 만들어 내는 것이다. 보통 창조는 논리가 아닌 상상으로 이뤄진다고 생각한다. 그러나 상상은 탄탄한 논리에 바탕을 두어야 그 효과를 발휘할 수 있다.

적의 최소 예상선을 겨냥하고 자신의 최대 상상선을 지향하여 민족적 위기를 이겨낸 거북선은 이순신 장군과 나대용 장군 두 분의 아이디어로 꾸며졌다. 《조선왕조실록》과 《충무공전서》 등에서 조선이 처한 난국을 타개하기 위해 새로운 전략을 만들고자 하는 두 사람의 고뇌를 쉽게 확인할 수 있다.

당시 이순신 장군과 나대용 장군은 일본군의 침입에 대비하기 위해 거북선을 건조하며 최대 상상선을 만들어낸다. 먼저, 조선과 일본이 갖고 있던 배와 해군 전술에 대한 본질을 분석하여 전략의 방향을 정했다. 당시 판옥선이 일본의 배에 비해 속도가 느린 점을 고려하여 일본선이 접근하는 것을 막고 적이 작전을 펼치기 전에 지휘선을 공격할 돌격선 역할을 거북선에게 맡겼다. 그리고 조선 판옥선에 다름의 요소를 부여하고 이를 창조적으로 활용하는 방안을 모색했음을 확인할 수 있다. 거북선이 적선을 부딪쳐서 당파(撞破)할 때 적의 조총에도 끄떡없도록 갑판을 장갑으로 만들고 적이 함부로 선체 위로 올라오지 못하도록 갑판에 쇠못을 꽂았다.

극단의 상황으로 내몰렸던 조선이었지만 적의 최소 예상선을 취하고 최대 상상선까지 간 지혜가 있었기에 국난의 위기를 넘길 수 있었다. 우리의 삶도 마찬가지다. 우리가 최소 예상선과 최대 상상선으로 무장했을 때 앞으로 나아가는 데 거침이 없을 것이다.

적는 자가 생존한다

나는 메모하는 습관이 있다. 현역으로 군 복무를 할 때는 일일이 노트나 백지에 적어서 보관했는데 그 양이 적지 않아 이사할 때마다 자료를 버리라는 말을 들었다. 그러나 나는 아랑곳하지 않고 쓰고 저장하는 습관을 유지하고 있다.

이렇게 말한다고 해서 내가 특별히 메모광 수준은 아니다. 다만 쓰는 것이 주는 유익이 커서 몸에 익힌 습관을 지속하고 있는 것뿐이다. 쓰는 것의 장점을 몇 가지만 나열해본다면 다음과 같다. 첫째, 글로 적어보면 아는 것과 모르는 것을 분별할 수 있다. 글로 적는 과정에서 명확한 개념이나 용어가 바로 떠오르지 않으면 아직 그 분야에 대해 명확히 알고 있지 않은 것이다. 쓰는 행위는 명확히 이해하지 못한 부분을 확인하고 재학습하여 온전히 내 것으로 만드는 기회를 제공한다.

둘째, 새로운 생각이 꼬리에 꼬리를 잇게 한다. 쓰고 정리하면서 새로운 착상들이 샘솟는 것을 누구나 경험했을 것이다. 무엇인가를 쓰는 행위는 인간의 두뇌 곳곳에 분산 저장되어 있던 개념들을 활성화한다. 이런 면에서 글로 적는다는 것은 아이디어를 만들고 창의적 사고를 이끌어내는 마중물이라 할 수 있다.

셋째, 생각을 잊어버리지 않게 한다. 인간의 두뇌에서 일시적으로 기억하는 일은 해마가 담당한다. 인간이 지각하는 일상적이고 평범한 내용들은 단기기억에 머물다 그냥 잊혀진다. 그러나 일상적이고 평범한 것들이 새로운 아이디어를 세공할 때가 있는데 내용이 어렴풋하게만 떠오르고 제대로 기억나지 않을 때가 많다. 이럴 때 기록해둔 내용이 있다면 이를 언제든지 꺼내서 재음미할 수 있고 새로운 생각으로 이어갈 수 있다.

넷째, 쓴 것을 나중에 조금만 다듬으면 필요할 때 쉽게 글을 쓰거나 책으로 펴낼 수 있다. 지금 쓰고 있는 이 글도 평소 내가 적어 놨던 부분을 들춰내 일부를 수정하여 적어 나가는 중이다.

다섯째, 쓰는 데 시간을 할애해야 하는 만큼 쓰는 행동을 통해서 자기 생활의 리듬을 가질 수 있다. 쓰는 것이 습관이 되면 습관이 가져다주는 즐거움도 맛볼 수 있을 것이다.

이렇듯 쓰는 것이 우리에게 많은 유익함을 준다는 것을 알기에 많은 사람들이 메모의 중요성을 강조하고 또 그렇게 생활하고 있다. 내 주변에만 해도 메모의 달인들이 몇 사람 있다. 한 사람은 전자 분야 전공자임에도 뇌과학이나 지질학 등 다방면에 조예가 깊은 박사님이다. 그는 직접 개발한 노트에 깨달은 것을 적고 그림으로 정리하는 것으로 유명한데, 노트에 정리한 내용만을 편집해서 만든 뇌과학 책은 의과대학에서 교재로도 활용되고 있다고 한다. 다른 한 사람은 나에게 공보 업무에 대해 많은 것을 알려준 사람이다. 그는 군사교육을 담당하는 학교에 교수로 재직하며 몇 년에 걸쳐 학교 도서관에 소장되어 있는 책자의 주요 내용을 전부 노트북으로 옮겨 특정 방식으로 관리했다. 빅데이터가 나오기 전에 이미 자기만의 빅데이터 처리 기법을 만든 것이라 할 수 있겠다.

앞에서 거명한 두 사람은 자신의 분야에서 전문가라고 칭해도 부족함이 없다. 그들이 전문가로 불릴 수 있는 힘은 관련 지식을 쓰고 정리한 데서 나왔다고 본다. 쓰는 자는 생존하고 쓰고 정리하는 자는 그 분야에 일가견을 이룰 수 있다.

다만 중요한 것은 같은 내용이라도 적어 놓는 도구에 따라 효과가 다르다는 사실이다. 최근에는 편리한 앱이나 전자기기가 넘쳐나기 때문에 많은 사람들이 손으로 직접 쓰는 것을 꺼린다. 그러나 수첩이 스마트폰보다 일목요연하게 정리하기 편하고 생각과 생각을 연결하는 데도 훨씬 효과적이다.

나는 과학의 대중화에 힘쓰고 있는 박문호 박사에게 여러 차례 뇌과학과 우주 물리학에 관해 수업을 들었다. 그는 10년의 시간 동안 폭넓은 자연과학 지식을 습득하기 위해 수첩에 직접 손으로 관련 내용을 썼다고 한다. 직접 손으로 적어 내려갔을 때 뇌의 활성화와 기억의 메커니즘을 공고히 할 수 있다는 것이 그의 지론이었다. 나 역시 그 이야기를 들은 이후론 수첩에 기록하는 것을 일상화하고 있다.

여기에 더하여 박문호 박사는 수첩의 형태에 대해서도 생각해보라고 말한다. 먼저 휴대성 측면에서는 호주머니에 넣고 다닐 정도로 작고, 손쉽게 휘어질 수 있어야 한다는 깃을 고려해야 한다. 다음으로 각 페이지에 적당량의 줄을 만들어 기록할 수 있는 용량을 확보해야 한다. 이 외에도 보관과 파손의 가능성 그리고 표지의 디자인이나 색깔 등도 함께 고려하여 자신만의 생각 보관소를 만들 수 있다.

오늘도 나는 쓴다. 적는 자가 살아남기 때문이다.

정리하고 반복하라

우리 집의 가훈은 '정리하고 반복하자'다. 반복의 힘과 기억의 메커니즘을 알고 있기에 깊은 생각을 거쳐 이 가훈을 만들었다. 그러나 이 가훈을 처음 본 가족들은 모두 반대했다. 꼭 청소대행업체 슬로건 같다는 것이 가장 큰 이유였다. 나도 우리 집 가훈이 멋지다고 생각하지는 않지만 어떻게 생활해야 하는지 알려주는 좋은 이정표라고 생각한다. 세상의 이치를 깨우치기 위해서 핵심이 되는 지식을 정리하고 이를 반복하여 내 것으로 만드는 과정이 삶에 필수적이기 때문이다.

중요한 점은 반복보다 정리가 우선이라는 것이다. 자신만의 방식으로 정리한 것만이 반복했을 때 힘을 발휘할 수 있다. 내가 지식을 정리하는 방법은 다음과 같다. 먼저 내용을 전체적으로 본다. 단편적인 지식의 나열은 해당 주제의 깊은 의미까지 도달하기도 어렵고 이를 다른 사람들에게 깊이 있게 설명하기도 쉽지 않기 때문이다. 그런 다음 가장 중요한 골간을 정리하고 가급적 그림이나 도표로 그려서 분류한다.

하나의 예로 《손자병법》을 정리하고 반복하는 방법을 들 수 있다. 《손자병법》은 약 2,500년 전 춘추시대에 살던 손무가 지은 책으로 총 13편에 6,109자로 구성되어 있다. 그다지 많은 양은 아니다. 이를 제1편 〈시계(始計)〉부터 시작하여 제13편 〈용간(用間)〉까지 핵심 내용을 정리해 보면 각 편당 50자 내외로 압축할 수 있다. 그러면 《손자병법》 전체가 어림잡아 650지 내외로 축약된다. 여기서 한 단계 더 들어가 핵심 어구만을 뽑으면 더 적은 글자 수로 압축할 수 있다. 이렇게 압축된 내용을 도표로 만들어 정리한다.

이제 남은 것은 반복이다. 반복해서 읽어 음과 훈을 입에 익히면 된다. 처음에는 조금 어색하지만 5번 정도만 입에 익혀보면 금세 익숙해진다. 더 반복하면 음과 훈이 머릿속에 정리되고 세포 속에 저장된다는 느낌까지 든다. 그러면 《손자병법》에 대한 전체적 내용이 그려지고 압축되지 않은 부분도 떠오르며 같이 세포 속에 저장되는 것을 경험할 수 있다. 반복하여 세포 속에 저장될 때 진정한 지식이라고 말할 수 있을 것이다.

〈생활의 달인〉이라는 TV 프로그램은 수십 년간 한 분야에 종사

하며 달인의 경지에 이른 사람들을 소개하는 프로그램이다. 프로그램에 소개된 사람들은 공통된 점이 있는데 자신의 일을 수없이 반복하여 달인의 경지에 올랐다는 것이다.

반복이 밑바탕을 이루고 있지 않으면 아무것도 이룰 수 없을 것이다. 반복이 달인을 만들고 숙달이 대가의 경지에 이르게 한다. 배우이자 무술인이었던 이소룡이 했다는 말에서 반복의 중요성을 깨달을 수 있다. "천 가지 발차기를 하는 사람은 두렵지 않다. 한 가지 발차기를 천 번 한 사람이 두려울 뿐이다."

이처럼 우리가 전문가라고 부르는 이들은 모두 반복 훈련과 이로 인한 불편한 상태를 견디는 힘에 의해 만들어졌다. 인류 역사상 문화가 가장 번성했던 시기로 꼽히는 르네상스 시기에 피렌체를 중심으로 활동했던 문화적 거인들은 7살 내외의 어린 나이부터 시작하여 5년 이상 지속하는 도제교육을 통해 천재로 탄생했다는 공통점을 갖고 있다.

반복이 가져오는 결과는 실로 위대하다. 단순히 무엇을 알거나 경험했다는 것만으로는 절대 전문가의 수준에 이를 수 없다. 전문가의 수준에 이르고 싶다면 스스로에게 세포에 저장된 지식들이 얼마나 되는지 물어야 한다. 우리는 반복으로 숙달한 역량만을 어떤 상황에서도 재현해낼 수 있다. 반복하여 내 것으로 만들어 놓지 않는 것은 시간이 흐르면 결국 사라진다. 더불어 배우고 익히기 위해 들였던 시간과 노력마저 손실로 남을 뿐이다. 결국 세포 속에 기억시킨 것만이 생명력을 가지고 살아남는다.

신박한 정리 방법, 덜어내기

〈신박한 정리〉는 나만의 공간인 집의 물건을 정리하는 노하우를 함께 나누는 TV 프로그램이다. 여기에 등장하는 '신박한'이란 말은 신기하면서도 참신한 경우에 사용되는 신조어다. 집이 놀라운 수준으로 정리되는 것을 보여주는 이 프로그램의 의도는 한 마디로 '비움의 미학'이라고 할 수 있다.

신박한 정리는 우리의 행동과 사고방식에도 적용할 수 있다. 우리는 불필요하고 잡스러운 행동을 우선하여 비워야 한다. 나는 어린 시절에 나쁜 습관을 많이 가진 아이였다. 기본적으로 앉아 있을 때는 다리를 떨었고 걸을 때는 어깨를 출렁거리면서 걸었다. 여기에 더해 눈을 깜박거리는 것이 다른 사람보다 심했고 코로 소리를 내는 습관도 있었다. 불필요한 행동이 몸에 붙어있으니 당연히 반

듯하고 단정한 어린이라는 평과는 거리가 멀었고 이런 행동을 버리기까지 많은 시간이 필요했다. 이렇게 습관은 몸에 익는 것보다 버리는 것이 어렵다는 것을 알게 되었다.

신박하게 우리의 삶을 정리하기 위해서는 먼저 간결해야 한다. 간결하다는 것은 단순하다는 것과 다르다. 단순함은 불필요한 것을 제거한 최적의 최소한이다. 단순함에 이르기 위해서는 불필요한 것을 볼 줄 아는 눈과 가지를 쳐낼 수 있는 용기가 필요하다. 이에 비해 간결함은 꼭 필요한 것만 남은 완벽함이다. 간결함에 이르기 위해서는 가장 중요한 것을 꿰뚫어 볼 줄 알아야 한다. 난순함이 완벽함을 위한 최소한이라면 간결함은 본질적으로 완벽한 상태 자체라고 말할 수 있다.

다음으로 필요한 것은 잘하려고 노력하기보다 정확하게 하려고 노력하는 것이다. 우리가 무언가를 잘하려고 노력하다 보면 자칫 사족이 붙게 되고 복잡해지기 십상이다.

임관 후 처음 공식 매체에 글을 실었을 때 잘 써야겠다는 욕심이 앞서 잘 알지 못하는 학자들의 이론을 거명하면서 잔뜩 어려운 이야기를 나열했던 기억이 있다. 지금도 그 글을 떠올리면 얼굴이 화끈거린다. 이처럼 현학적이고 학자연한 글은 읽는 이를 거북하게 한다. 뛰어난 글재주로 미려한 글을 쓰는 것도 좋지만 꼭 거기에 목맬 필요는 없다. 자신의 의도를 간결한 구조로 담백한 문장을 통해 정확하게 전달할 수만 있다면 충분하다.

처음 강연을 할 때는 사람들의 주목을 휘어잡는 것에 목말라했다. 그래서 이것저것 부연하여 말하고 유머를 꼭 넣어야 한다는 강박관념도 있었다. 그러다 보니 마치 남의 옷을 입은 것처럼 어색하고 부자연스러운 강연이 되었다. 좋은 글처럼 좋은 강연 역시 형용과 사족을 가급적 지양해야 한다. 전달하고자 하는 핵심 메시지가 명확하게 그리고 진정성 있게 전달할 수만 있다면 그 자체로 좋은 강연이라고 할 수 있다. 무엇인가를 잘하려고 하기보다는 정확하게 하고자 노력한다면 본질이 전달되고 아름다움도 드러난다.

마지막으로 구조를 먼저 보고 디테일을 나중에 채워나가는 순서를 갖는 것이다. 구조를 먼저 본다는 것은 관점을 잡아낸다는 것을 의미한다. 구조가 기능을 결정하고 기능에 따라 형태가 변하기 때문에 간결한 형태를 위해서는 명확한 관점으로 구조를 먼저 파악해야 한다.

전사적 기풍 진작

군에서 사용하는 슬로건 중 많이 등장하는 것 하나가 '전사적 기풍의 진작'이다. 전사는 영어로 워리어(Warrior)이고 단순히 싸우는 파이터(Fighter)를 넘어서 싸움의 숙련된 기술과 풍부한 경험 요소를 갖춘 용사를 일컫는다. 즉, 최고로 숙달된 전문 군인이 갖추고 있어야 할 기질을 북돋겠다는 의미로 이해할 수 있다. 나는 삶을 대할 때도 전사적 기풍이 필요하다고 생각한다. 각자에게 주어진 삶을 살아가는 동안 이뤄야 할 임무들이 있기 때문이다. 삶의 임무를 성공적으로 이루기 위해서는 숙달된 전문가가 되어야 한다.

전사적 기풍이 조직의 문화로 정착하기 위해서는 몇 가지 조건을 갖춰야 한다. 첫째, 목적 의식을 명확히 하고 있어야 한다. 이 세상은 삶과 죽음이 공존하는 현장이자 죽고자 했을 때 비로소 살 수 있는 격전장이다. 이러한 격전장에서 가장 먼저 해야 할 일은 각자의 삶에 주어진 임무를 식별하는 것이다. 그 임무는 좋아하는 일일 수도 있고, 잘 하는 일일 수도 있으며, 누군가를 위하는 일일 수도 있다. 가야할 곳이 정해지지 않은 상태에서 떠도는 인생은 아무리 많은 것을 이루고 무한한 것을 얻었다 할지라도 공허하다. 그러니 삶에서 우선해야 할 일은 자신의 삶을 송두리째 투자해도 아깝지 않을 임무를 찾아내는 것이다.

둘째, 명령이 하달되면 곧바로 행동에 옮길 수 있어야 한다. 몇 년 전 우리나라 유수의 포털 회사를 방문할 기회가 있었다. 회사를 소개해준 임원분께서는 특별히 건물 마지막 층에 위치한 비밀 장소를 공개하겠다고 이야기하면서 우리를 안내했다. 그곳은 다른 층과는 다르게 국방색으로 색칠이 되어 있고 입구가 철문으로 되어 있었다. 무슨 장소인지 물으니 새로운 프로젝트가 시작되어 팀을 만들 때 차출된 직원들이 바로 임무를 수행할 수 있는 공간이라고 설명했다. 보통 조직에서 위치를 옮기게 되면 일명 적응 기간이라는 것을 갖는데 이 말을 듣고 이러한 적응 기간이라는 개념을 달리 인식해야겠다는 생각을 갖게 되었다. 언젠가 존경하는 한 선배가 "장교는 보직을 받으면 바로 그날부터 임무를 수행해야 한다."라고 했던 것이 새삼 떠올랐다.

셋째, 부여된 임무는 죽더라도 완수해야 한다. 임무가 끝날 때까지는 끝난 것이 아니다. 단순히 정해진 시간이 지났다거나 시도했다는 것만으로 임무가 완수되는 것은 아니다. 부여된 임무는 반드시 완수하는 것이 숙달된 전문가가 지켜야 할 행동 철칙이다. 스위스 루체른의 명물 '빈사(瀕死)의 사자상'은 프랑스 왕가의 상징인 백합을 품에 안은 채 화살을 맞고 죽어 가는 사자를 조각한 것이다. 여기에는 '헬베티아(스위스)의 충성심과 용감함'이라는 뜻을 가지고 있는 라틴어 'HELVETIORUM FIDEI AC VIRTUTI'가 쓰여 있다. 사람들은 이 조각상을 보고 타국에서 용병으로 살았던 스위스 젊은이들을 슬퍼하고 안타까워한다. 하지만 나는 이곳 루체른 사자상에서 전사의 기풍을 느꼈다. 부여된 임무는 죽어서라도 완수하고자 했던 마음을 '빈사의 사자상'에서 느낄 수 있었다.

주어진 일을 모두 완수하지 못하는 경우도 적지 않다는 것을 잘안다. 그러나 죽기를 각오하고 달려드는 사람 앞에 이루지 못할 일은 없다. 삶을 전사의 기풍으로 살아낸 사람은 '빈사의 사자상'을 넘어 영원히 죽지 않는 '불사(不死)의 사자상'으로 거듭날 것이다.

케렌시아를 가져라

투우장의 모습을 상상해 보자. 어둠 속에 갇혀있던 소가 투우장으로 던져진다. 밝은 햇살은 소를 괴롭히고 붉은 물레타 망토의 펄럭임은 관중을 흥분케 한다. 소가 붉은 천을 향해 미친 듯이 돌진하면 투우사는 이를 피하며 소의 뒷덜미에 창을 내리꽂는다. 소는 피범벅이 되고 극심한 흥분과 공포에 빠진다. 투우사와 투우 사이에 쫓고 쫓기는 격전이 계속되고 탈진 직전에 이른 소는 어디론가 달려간다. 숨을 고르며 마지막 남은 에너지를 끌어모을 수 있는 피난처를 찾아간 것이다. 투우장의 소가 최후의 일전을 앞두고 잠시 숨을 고르는 이 장소가 바로 '케렌시아(Querencia)'다.

군인들에게 있어 케렌시아는 현충원이다. 장교들은 임관 이후 전후방 각지에서 군인의 길을 걷는다. 이때부터 나는 단순한 내가 아니라 육군과 직책이 앞서는 육군 소위 나승용이다. 군인에게 있어 중요한 것은 나보다는 부대요, 자기가 소속된 부대보다는 상급 부대다. 군인은 다양함보다는 단일함을 찾고 화려함보다는 담백함에 익숙해져야 한다. 전투복은 나의 피부가 되고 어떠한 장소에도 어울리는 만능복이 된다. 푸른 제복이 결혼식장의 양복이 되고 장례식장의 상복이 된다. 이렇게 군인의 삶은 질박하다.

대한민국 군의 태동기에서부터 지금에 이르기까지 수많은 군인들이 내가 걸어왔던 길을 이미 걸었고 또 뒤를 이어 걸어갈 것이다. 그리고 이들 모두가 마지막 안식처를 찾을 것이다. 그 장소는 다름 아닌 동작동과 유성구 갑동의 현충원이다. 수많은 호국의 혼들이 영원한 안식 속에서 즐거이 노래하는 곳이 바로 동작동이다. 비록 투우사를 향해 돌진하지는 못하지만, 마지막 에너지를 모아 조국의 안녕을 기원하는 곳이 바로 갑동이다.

오늘날 현대인들은 자신만의 휴식 공간을 종종 케렌시아라고 부른다. 투우장의 투우가 죽음을 향해 질주하기 위해 마지막 정거장이 필요했듯이 현대인도 치열한 삶을 향해 질주하기 위해서 간이역이 필요하다. 인생은 투우장보다도 더 치열하고 비정하다. 삶의 무게에 모든 것이 부서져 버릴 것 같은 순간에 분명 케렌시아는 다시금 일어설 수 있는 힘을 줄 수 있을 것이다. "그곳에서 소는 인간이 꺾을 수 없는 막강한 힘을 가진다." 스페인 사람보다 깊이 있게 투우를 분석한 글이라고 평가를 받는 헤밍웨이의 《오후의 죽음》에 나오는 한 문장이다. 군인에게 있어 영원한 케렌시아는 현충원이다. 그곳에서 나는 그 누구도 꺾을 수 없는 조국 사랑을 느끼며 다시 일어날 힘을 얻는다. 그리고 그곳에서 영원한 안식을 얻는다.

7 장

프로의 노력법, 극한에서 한 걸음 더 내딛는 방법

인생을 성공하고 싶다면 하는 일에 있어서
극단까지 밀어붙였던 경험들을 많이 가지고 있어야 할 것이다.

99도와 100도 VS 0도와 1도

　나는 넷플릭스의 경영 방식을 밝힌 기사를 읽고 난 다음부터 부하를 평가하는 기준을 바꾸었다. 넷플릭스는 기존 업무를 잘하는 사람을 해고하고 새로운 것을 시도하는 직원을 위주로 조직을 재구성했다. 루틴한 업무를 너무 잘하는 사람들은 변화를 꺼려한다. 하지만 시장은 빠르게 변화한다. 새로운 도전을 하지 않는 그들의 업무 습관이 오늘날 급변하는 시장의 흐름을 쫓아가는 데 도움이 되지 않기 때문에 넷플릭스는 과감히 이런 결정을 내렸다고 한다. 그렇게 오늘날 넷플릭스는 명실공히 미디어 왕국이 되었다. 어찌 보면 상식에서 벗어난 것 같은 경영 정책이 미국 내에서 고만고만한 회사 중 하나였던 넷플릭스를 세계적인 회사로 성장하게 만들었을 수도 있다.

많은 사람은 기존의 틀에서 일을 잘하는 방식을 선호하고 반복적인 경쟁에서 인정받고자 노력하는 데 익숙하다. 즉 99도의 온도에서 물이 끓는 100도를 향한 1도를 높이기 위해 많은 시간과 열정을 쏟는 데 익숙한 것이다. 사람들은 99도에 위치하는 것과 100도에서 물이 끓는 것과는 많은 차이가 있다는 것을 강조하며 1도를 올리는 노력의 중요성을 말한다. 그러나 꼭 100도에 도달하지 않더라도 물은 끓을 수 있다. 액체가 끓는 점인 비등점은 그 액체의 증기압과 액체가 맞닿아있는 외부 압력이 같은 온도를 말한다. 그래서 물은 외부 압력이 1기압일 때는 100도에서 끓지만 높은 산에 올라가 외부 압력이 1기압보다 낮아지면 100도보다 낮은 온도에서 끓는다. 이처럼 잔잔한 물이 끓어오르는 격정적인 변화의 순간도 그저 조건이 맞아떨어져 일어난 행운일 수도 있다.

그래서 나는 똑같은 1도의 차이라 할지라도 0도와 1도 사이의 차이가 훨씬 의미가 있고 위대하다고 생각한다. 녹는점은 고체 상태에서 액체 상태로 바뀌는 온도로 융점(融點)이라고 부른다. 융점은 비등점과 다르게 외부 압력에 영향을 적게 받는다. 그렇기에 산꼭대기같은 특수한 조건에서도 융점이 크게 달라지지 않는다는 특징이 있다. 또, 물은 녹는 동안, 가열하여도 온도가 일정하게 유지되는 구간이 나타난다. 모든 것이 얼어있는 0도에서 1도를 향한 몸부림은 그 변화의 차이를 느낄 수 없다는 답답함과 어디에서 새로운 변화가 시작될지 아무도 모른다는 두려움을 견뎌야 한다. 인류의 역사는 무에서 유를 찾는 노력이 모여서 발전했다. 그렇기에 0도에서 1도를 향한 고요하고 끈질긴 노력이 더 위대한 것이다. 하지만 융점을 만들기 위해서는 한 가지 조건이 필요하다. 그 조건은 바로 이러한 노력과 시도를 기껍게 여기는 문화가 형성되는 것이다.

0도에서 1도가 되기 위해서는 실패를 용인하고 격려하는 사람들이 많아져야 한다. 우리는 정해진 틀과 방식에 순응하도록 교육받고 또 그렇게 길들여져 왔다. 오래된 속담 중에 '모난 돌이 정 맞는다.'는 말이 있듯이 괜스레 튀지 말고 무리 속에서 어울려 살아가라는 사회적 묵시(默示)에 우선을 두며 살아왔다. 하지만 오늘날에는 모난 돌이라야 사람들의 시선을 붙잡고 튀는 돌 정도는 되어야 수석(壽石)으로 쓰인다.

2013년 초, 육군 홍보과장직을 수행할 때였다. 어느 날 MBC 측에서 연예인들이 병영 체험을 하는 코너를 육군과 진행해 보자는 연락이 왔다. 이를 지휘부에 보고 했더니 예상대로 반대 의견이 대다수를 차지했다. 그러나 군도 엄격한 조직에서 따뜻하고 강한 조직으로 이미지 변화를 시도할 때가 되었고 방송을 통해 국민의 신뢰를 높일 수 있을 것이라는 확신이 있었기에 정훈공보실장님께 다시 한번 건의를 했다. 결과적으로 "과장의 판단을 믿는다. 최선을 다해 보자."라는 격려와 함께 최종 지휘부 결심까지 받아주셨다. 이러한 믿음과 격려로 0도에서 1도를 향한 노력을 시작할 수 있었다. 이후 이 프로그램은 〈진짜 사나이〉라는 타이틀을 가지고 오랜 시간 국민의 안방을 찾았다. 나는 이 프로그램으로 군에 대한 불신을 녹이는 융점을 만들었다는 보람을 느낀다.

노력의 선결 조건

사관학교에 들어가기 전까지 나는 운동을 잘하지 못했다. 필기 시험에 합격한 다음 치러지는 체력 측정에서는 오래달리기나 턱걸이에서 간신히 기준을 넘겨 합격할 정도였다. 사관학교에 들어간 이후에도 체력 측정은 나에게 부담으로 다가왔다. 그러던 어느 날 '체력 측정이 그렇게 부담스럽다면 운동을 일상으로 만들면 어떨까?'라는 생각이 들었다. 그렇게 마음을 다진 다음, 자고 일어나면 간단한 스트레칭에 푸시업을 하고, 수시로 복근운동을 하는 식으로 생활의 패턴을 바꿨다. 운동이 생활의 일부분이 되니 부담스럽게 느껴지던 체력 측정을 평소에 하는 운동처럼 느낄 수 있었다. 그리고 체력 측정 성적도 점점 좋아졌다.

삶의 많은 것들이 일단 익숙해져야 잘 할 수 있게 된다. 공부를 잘하고자 한다면 우선 공부에 익숙해져야 한다. 사람들이 수학이나 물리학을 어려워하는 이유를 보면 대개 용어와 개념에 익숙하지 않아서인 경우가 많다. 일례로 물리학 기호로 Ψ(프사이)가 있다. 이 기호를 이용해 만들어진 수식을 처음 보면 웬만한 사람은 이해하기를 포기한다. $Ψ=A+iB$(단, A, B 는 실함수)같은 식은 마치 다른 세상에서 사용하는 언어처럼 다가오기 때문이다. 그러나 조금만 들여다보면 그리 어렵지 않다는 사실을 알 수 있다. Ψ(프사이)는 그리스 숫자로 700을 나타내고 파동함수를 의미한다. 파동함수는 실수로 표현되지 않을 수 있기에 실수부와 허수부를 갖는 함수 꼴로 표현한 것뿐이다.

그렇다면 이제 이렇게 낯선 용어에 접근하는 방법을 생각해 볼 수 있다. 처음에는 수학과 물리학에서 사용되고 있는 용어나 기호를 그저 들여다본다. 우리는 뭔가를 모를 경우 조급해하고, 곧바로 이해하려고 덤벼들다가 이해가 되지 않을 경우 이내 포기하고 만다. 이러한 학습 방법에서 탈피해야 한다. 이해하려고 하지 말고 그저 들여다보는 것을 수차례 반복하고 나면 용어와 기호가 익숙해진다. 이렇게 차츰 수학과 물리학에 다가갈 수 있고 나중에는 즐거움을 느낄 것이라고 확신한다.

이처럼 인간이 익숙해지고 나면 이어서 잘하게 되는 것은 인간의 두뇌가 무언가를 알아가고 이해하는 루틴과 밀접한 관련이 있다. 우리 인간은 단서 제기→ 반복 행동→ 보상이라는 회로를 가지고 자기 행동을 강화한다. 단서 제기는 영어로 Hut라고 하는데 이는 미식축구에서 공격을 시작할 때 쿼터백이 외치는 소리다. 뇌는 신호가 떨어지면 반복 행동 회로를 가동하게 되고 그 행동의 결과로 기분이 좋거나 칭찬을 받으면 뇌 회로가 더 강화된다.

미식축구에서 Hut이라는 신호를 통해 공격으로 전환하듯 인간은 외부 환경이 주는 신호에 노출되면 그에 적합하게 행동의 패턴을 전환한다. 그리고 반복적으로 신호에 노출이 되면 그에 대한 적응력을 발휘한다. 결국 인간의 행동과 관계된 것은 어떤 것이듯 익숙해지는 것이 중요하다.

나는 사관학교 때 수영을 잘하지 못했다. 1학년 여름철 해양 훈련의 하나로 수영을 배웠는데 나는 실력으로 나누어 중간 정도 그룹에 속했다. 그러나 말이 중간 그룹이지 물에 대한 두려움조차 극복하지 못한 상태였다. 그렇게 임관 후에는 아예 수영을 생각지도 못하다가 뒤늦게 집 근처 수영장에서 다시 수영을 배우기로 마음먹었다. 대신 예전에 수영을 익히던 것과는 다른 방법으로 접근했다. 내가 수영을 잘하지 못하는 원인은 물에 대한 두려움을 갖고 있기 때문이었다. 그래서 먼저 물에 대한 두려움의 실체를 찾아냈다. 내가 물을 두려워한 원인은 물 속에 들어갔을 때 답답한 기분이 느껴졌기 때문이었다. 이 분석을 토대로 수영 기술을 익히기에 앞서 물속에 들어갔을 때 느껴지는 답답함을 극복하기로 했다. 기술을 배우는 것은 뒤로하고 일단 물에 들어가 편안하게 있었다. 단지 물속에 들어가 있는 횟수를 늘려가며 물과 익숙해지기로 한 것이다. 며칠 지나니 물에 대한 두려움이 사라지고 오히려 물 속에서 고요하고 편안하다는 느낌이 들었다. 얼마 지나지 않아 부력에 의해 몸이 떠오르고 물과 몸이 어떻게 하나가 될 수 있는지도 자연스레 느낄 수 있었다. 이후 기술을 익히는 것은 그다지 어렵지 않았다.

먼저 익숙해져라. 그러면 알게 되고 잘하게 된다. 그리고 인간은 한 번 잘하게 되면 기분이 좋아지고 긍정적인 감정은 행동을 강화한다. 노력의 선결 조건이 익숙해지는 것인 이유가 여기에 있다.

목표를 가슴에 품어라

2020 도쿄 올림픽에서 안산 선수가 한국 하계 올림픽 사상 최초이자 올림픽 양궁 최초로 3관왕을 기록했다. 여자 양궁 개인전 결승에서 안산은 난적 옐레나 오시포바(Elena Osipova)를 만나 접전을 벌였다. 경기를 지켜보는 사람들마저 손에 땀을 쥐게 하는 상황에서도 안산 선수는 차분했는데 경기가 끝난 후 가진 인터뷰에서 그는 '쫄지 말고 대충 쏴.'라고 생각했다고 말했다.

스포츠에 필요한 요소는 신체적 능력이나 기술적 능력, 외적 능력, 판단 능력, 내적 능력 등이 있다. 사람들은 아무리 앞의 네 가지 요소를 갖췄더라도 멘탈이나 집중력 같은 내적 능력이 뒷받침되지 않으면 결코 최고의 선수가 될 수 없다고 이야기한다. 안산 선수는 누구보다 강한 내적 통제 능력을 가지고 있었기에 연장전 마지막 긴장되는 순간에도 흔들리지 않고 실력을 그대로 선보일 수 있었다. 이처럼 극도의 긴장된 상황에서 자신을 통제할 수 있는 효과적인 방법을 찾는 것은 프로페셔널이 가져야 할 또 하나의 조건이다.

사격에서 방아쇠를 당길 때 느끼는 심리 상태는 양궁에서 마지막 한 발을 쏘는 상황과 별반 다르지 않다. 사격을 할 때도 긴장을 통제할 수 있는 자신만의 효과적인 방법을 가지고 있어야 한다. 처음 사격을 하면 교관에게 "목표는 보는 것이 아니라 올려놓는 것이다."라는 말을 자주 들을 수 있다. 이와 연계하여 자주 듣는 또 다른 이야기도 있다. "목표는 보는 것이 아니라 느끼는 것이다."

사격을 많이 해본 사람은 알겠지만 목표는 보는 것이 아니라 올려놓는 것이고 여기서 더 나아가 느끼는 것이다. 사격을 할 때 목표물이 선명히 보이는 경우는 거의 없다. 목표물을 올려놓고 느끼려는 것과 목표물 자체를 보려는 것이 사격을 잘하는 사람과 못하는 사람의 차이다. 사격의 고수들은 대부분 목표물이 조준선 중심에 잡혔다고 느껴지면 가볍게 방아쇠를 당긴다.

목표물을 보면 안 되는 이유는 세 가지가 있다. 첫째, 목표에 대한 일시적 집착을 경계하기 위해서다. 눈앞에 보이는 목표에 집착하다가 진정한 목표를 놓치게 하는 우를 범할 수 있다. 보통 마지막 목표는 드러나지 않고 숨겨져 있는 경우가 많다.

둘째, 심신의 경직을 방지하라는 의미다. 인간은 목표를 눈앞에 두면 심신이 경직된다. 이는 목표가 나를 먹어 치우는 상황이라고 할 수 있다. 목표는 내가 넘어가야 할 산 중의 하나일 뿐이라는 생각으로 자신을 다스릴 수 있어야 한다.

셋째, 과정에 충실하지 못하는 상황을 경계하고자 하는 것이다. 사격에서는 정확히 쏠 수 있도록 조준선을 정렬하는 것이 전제 조건이다. 여기서 전제 조건은 늘 유지해야 하는 조건이라는 말과도 같다. 목표를 보기에 급급해 전제 조건이 틀어지면 원하는 결과를 이룰 수 없기 때문에 정확히 쏘려고 노력해야 한다.

목표를 느끼는 것만으로 원하는 바를 얻을 수 있도록 하기 위해서는 목표가 세포 속에 각인되어 있어야 한다. 우리는 아르키메데스가 목욕탕에서 넘치는 물을 보고 얻은 깨달음에 집중한다. 그러나 아르키메데스가 해답을 알아차리기까지 그가 진짜 순금을 가릴 수 있는 방법을 얼마나 오랜 시간 마음속에 머금고 있었는지는 생각하지 않는다.

극단까지 몰아붙여라

육군 본부에서 참모총장 공보부관(Speechwriter)을 할 때였다. 공보부관들의 공통된 관심사는 상급자의 의도에 맞는 글을 쓰는 것이다. 다행히 내가 모시던 총장께서는 글에 대해 특별한 말씀이나 주문이 없으셨고 써드린 글을 그대로 읽으시는 편이었다.

그런데 어느 날인가는 나를 직접 부르셔서 메모 한 장을 주시며 여기에 관련된 글을 써달라고 하셨다. 메모를 펴 보니 이렇게 쓰여 있었다. '불광불급(不狂不及)', 일에 미치지 않으면 이루지 못한다는 뜻의 사자성어였다. 육군의 총수까지 올라가기 위해 주어진 일을 미친듯이 파고든 그의 열정을 생각하게 되었다.

무언가를 이룩한 사람들은 남다른 열정을 가지고 있다는 것을 쉽게 알 수 있다. 아인슈타인이 〈운동하는 물체의 전기역학에 대

하여〉라는 논문으로 특수 상대성 이론을 처음으로 선보였던 때
가 1905년도였다. 이후 그는 마르셀 그로스만(Marcel Grossmann)
과 특수 상대성 이론을 일반화 하기 위한 본격적인 연구에 착수해
1913년 〈일반화된 상대성 이론 및 중력이론의 개요〉라는 제목의
논문을 발표했다. 하지만 그는 연구 결과에 만족하지 못하고 고뇌
에 빠진다.

"이 이론에 대한 제 믿음은 여전히 흔들리고 있습니다. … 우리가 얻
은 중력장 방정식은 일반좌표변환에 대한 공변성(변환에도 똑같은 모
습을 유지하는 성질)을 갖고 있지 않습니다. … 따라서 이론의 방정식들
에서 선형변환 외의 다른 변환이 허용되지 않는다면, 이 이론은 바로 그
출발점과 모순을 일으키며, 그렇기 때문에 모든 것이 공중에 떠버린 셈
입니다."

오랜 시간 수많은 시행착오를 거친 아인슈타인은 마지막 논문
발표를 앞둔 시점에서는 연구소에 칩거하며 연구에 매진했고 논문
발표 후 병원에 실려 갈 정도였다고 한다. 이렇듯 한 분야에서 최고
경지까지 올라가기 위해서는 자신을 극단의 상황까지 밀어붙여 봐
야 한다.

언젠가 두 아들을 서울대에 보낸 중졸 아버지가 자신의 삶에 대
해 이야기하는 것을 TV에서 본 적이 있다. 그는 두 아들이 공부에

관심을 가지도록 자신이 모범을 보여 실제 대학 수능에서 만점에 가까운 점수를 받았다고 한다. 생계를 잇기도 어려운 열악한 여건에도 무너지지 않은 그의 모습이 존경스러웠다. 그런데 이야기를 끝까지 듣다 보니 더 존경을 받아야 할 사람은 남편을 뒷바라지한 부인이라는 사실을 알게 되었다. 밤 12시 정도에 귀가한 이후 새벽까지 남편을 가르치다가 손가락 마디가 휘어진 손에서 열정과 인내가 느껴져 뭉클할 정도였다. 이들은 새로운 삶으로 도약하기 위해 자신을 극단까지 밀어붙였던 것이다.

극단까지 밀어붙이기 위해서는 세 가지가 필요하다. 그것은 개념과 습관, 몰입이다. 개념은 어떤 일을 어떻게 하겠다는 명확한 기준이다. 세상에 대한 자신의 견해를 갖기 위해서는 반드시 개념이 필요하다. 개념은 세계를 바라보는 창문이라고 할 수 있다. 창문은 방향과 크기가 중요하다. 창문을 내는 방향은 자신이 평생 물고 늘어질 소명을 파악하는 것과 같다. 주변을 보면 일을 하는 방법과 요령은 좋은데 정작 어떤 일을 할 것인지 명확한 기준이 없는 사람들이 많다. 무언가를 잘하는 것은 중요하지만 그에 앞서 어떤 일에 매진할 것인지 정하는 것은 더 중요하다. 그리고 창문의 크기는 자신이 짊어질 수 있는 역량을 고려하여 소명을 완수해낼 수 있는 적당한 크기라면 좋겠다.

개념이 생겼다면 습관을 들이는 것이 중요하다. 아무리 뛰어난 사람도 습관으로 일상화되어 있지 않으면 최고의 경지에 오르기 어렵다. IMF 경제위기로 국민이 어려운 상황이었을 때 여자 US 오픈 우승을 통해 희망을 준 박세리 선수의 강연을 들은 적 있다. 강연의 주제는 '두려움을 넘어서 도전을 인생의 습관으로 만드는 법'이었다. 박 선수에게 도전은 습관이고 삶이었다. 그렇기에 안전하게 벌타를 먹는 대신 연못에 들어가 공을 쳐올리는 도전을 할 수 있었던 것이다. 그는 현실에 만족하지 않고 도전 자체를 하나의 습관으로 만들어 자신만의 삶을 살아가고자 노력하고 있음을 강조했다. 한번 만들어진 습관은 고치거나 버리기가 어렵다. 따라서 처음부터 좋은 습관을 들이는 것이 중요하다. 좋은 습관이 한 사람의 운명을 성공으로 바꾸기 때문이다.

다음으로 몰입이다. 몰입에는 몇 가지 법칙이 있다. 칙센트미하이(Mihaly Csikszentmihalyi)는 《몰입의 즐거움》에서 세 가지를 강조한다. 첫째, 목표를 수치로 정하는 것이다. 목표가 수치로 제시되었을 때 그 목표는 우리를 쉽게 몰입으로 이끈다. 둘째, 정확한 규칙을 가지는 것이다. 개인과 조직은 규칙이 정해졌을 때 쉽게 집중한다. 마지막으로 신속한 피드백이다. 성취를 바로바로 알게 될 때 우리는 더욱 몰입하게 된다.

인생을 성공하고 싶다면 하는 일에 있어서 극단까지 밀어붙였던 경험들을 많이 가지고 있어야 할 것이다.

알게 된 것을 삶의 비료로 사용해라

아는 것과 행동하는 것은 다를까? 이러한 지(知)와 행(行)의 관계는 동서양을 막론하고 많은 철학자들에 의해 다뤄졌다. 각각에 대한 논의는 복잡하지만 주요 골자는 간단하다. 아는 대로 행한다는 지행합일(知行合一)과 아는 대로 행하지 않는다는 지행괴리(知行乖離)의 입장이다. 지행합일을 주장한 대표적 학자는 서양의 소크라테스와 동양의 왕양명이 있다. 소크라테스는 지식이 선천적으로 내재해 있으며 인간이 행동을 통해 이를 확인한다고 주장했다. 왕양명은 지식은 행동의 시작이고 행동은 지식의 완성이라고 보아 지와 행은 하나라고 말했다. 지행괴리는 알고 있지만 행동하지 않는 비도덕성을 극복하기 위한 방안을 마련하는 차원에서 연구되었다.

나는 지행합일이나 지행괴리 어느 한쪽의 주장에 찬성하지는 않는다. 두 가지가 혼용된 주장이 더 타당하다고 생각한다. 어떤 것을 안다고 해서 반드시 행동하는 것도 아니지만 역으로 어떤 행동을 통해 앎에 도달할 수도 있기 때문이다. 무언가를 알았다면 그것을 생활 속에 접목해야 한다. 아는 것에 그치고 생활 속에서 빛을 발휘하지 못한다면 그것은 반쪽짜리 앎에 불과할 뿐이다. '안다'는 말은 '모르던 것을 깨닫는다.'는 의미와 '그렇다고 믿는다.'는 의미를 동시에 가진다. 결국 안다는 것은 지식을 열어 깨우침을 얻고 깨우침을 마음에 새기고 행동으로 옮기는 것과 연계된다.

전략과 전술은 원래 군사학에서 비롯된 개념이지만 요즘에는 분야를 가리지 않고 사용된다. 두 개념은 분류하는 기준에 따라 여러 가지로 정의할 수 있지만 통상적으로 전략은 '전쟁에서 군사력을 운용하는 술과 과학'을 말한다. 일상적인 의미로 정의해 본다면 '달성하고자 하는 목표와 보유하고 있는 수단과의 연계 방안을 찾는 것'을 전략으로 볼 수 있다. 전술은 '전략에서 언급한 계획을 실행해 나가기 위한 구체적 행동'이라고 말할 수 있다.

전략·전술을 공부하며 아쉽게 생각했던 것은 이론으로 알고 있는 것이 생활에 녹아들지 못하고 있다는 것이었다. 전략·전술 개념 중에 '중심(Center of gravity)'이라는 것이 있다. 승리하기 위해서는 상대의 중심은 파괴하고 아군의 중심은 확보해야 한다. 《손자병법》은 중심을 지략과 정치와 외교 분야 측면에서 바라보고 있다. 그래서 전쟁이 발발하기 전 '적의 지략을 치는 것'이 제1의 전략이며 '정치와 외교 분야를 단절시키는 것'을 제2의 전략이라 했다. 그리고 '적의 병력과 성(城)을 공략하는 것'은 하책으로 여겼다. 이처럼 손자의 중심은 지략과 정치로 피해를 최소화하는 것이기에 부전승 사상을 만들 수 있었다. 반면《전쟁론》의 클라우제비츠는 전쟁 수행 그 자체를 논의의 대상으로 삼았다. 따라서 그는 '결정적인 전투를 통한 전쟁의 승리'를 강조한다. 클라우제비츠에게 중심은 무력이기 때문이다.

전략·전술 개념인 중심은 우리 삶에서도 중요한 역할을 할 수 있다. 나는 중심을 비롯해 전략·전술에 대한 주제로 강의를 하면 강의 후반에 후배들에게 "자네의 삶에 있어서 중심은 뭔가?"라고 질문했다. 이에 자신 있게 대답하는 사람은 많지 않았다. 나는 내 삶의 중심을 '진정성'으로 정했다. 진정성이 내 삶의 중심이 된 이후, 나는 만나는 모든 사람을 진정성있게 대한다.

중심이라는 개념을 삶에 적용하듯 삶을 전략과 전술을 통해 생각할 수 있다. 현자가 진리를 통해 자유로움을 느끼듯이 우리는 전략·전술의 생활화를 통해 자유로움을 확보할 수 있다.

끝나기 전까지는 끝난 게 아니다

"끝나기 전까지는 끝난 게 아니다." 〈록키〉라는 영화에서 챔피언 딕슨이 도전자 록키에게 시합은 해보나 마나라고 말하자 이에 대해 록키가 대꾸하는 말이다. 스포츠를 보면 록키가 했던 말이 틀린 말이 아니라는 것을 알 수 있다. 나는 아직도 홍수환 선수의 경기가 뇌리에 깊이 박혀있다. 홍 선수는 1977년 파나마에서 열린 세계복싱협회 주니어페더급 초대 타이틀 결정전에서 카라스키야(Hector Carrasquilla)를 3회 KO로 누르고 챔피언이 됐다. 2회에서 4번 다운된 후 3회 KO승을 하며 '4전 5기' 신화를 썼던 그 장면은 지금까지도 잊혀지지 않는다.

스포츠뿐만 아니라 전투에서 마지막 순간은 더더욱 그 의미가 크다. 전쟁사를 연구하면서 전투에서 승리하는 부대가 가진 능력을 발견할 수 있었다. 소부대 전투에서 승리하는 부대는 두 가지 능력을 가지고 있다. 첫째, 긴장의 순간을 견디는 능력이다. 소부대 전투는 결국 사격으로 승패를 결정하게 된다. 유효 사거리 내로 적이 올 때까지 긴장의 순간을 견뎠다가 사격을 실시했던 부대는 승리했다. 반면 조직원들이 긴장감을 이기지 못하고 적이 유효 사거리에 들어오기도 전에 사격을 했던 부대는 대부분 패했다. 조직에서 새로운 변화는 '최초의 펭귄'에 의해 이뤄진다면 전투에서 승리는 '최후의 5분'에 달려 있다.

둘째, 죽음을 마다하지 않고 싸우는 능력이다. 전투가 벌어지고 있는 최후의 5분에 살아날 수 있는 유일한 방법은 '죽고자 하면 살고 살고자 하면 죽는다.'는 이치를 깨우치는 것뿐이다.《난중일기》에서 명량해전 때 충무공 이순신이 슬금슬금 눈치를 보며 진격하지 않는 부하들에게 이리 말한다. "안위야 군법에 죽고 싶으냐, 달아난다고 살 수 있을 것 같으냐!" 살기 위해서는 오직 죽기를 각오하고 싸움에 임해야 한다. 죽음을 각오한다면 승리를 거둘 수 있지만 달아나는 자에게는 패배만이 존재한다.

서양 전쟁사 중 하나인 포에니 전쟁도 같은 맥락으로 해석이 가능하다. 포에니 전쟁은 로마와 카르타고와의 세 차례에 걸친 싸움을 말한다. 전쟁 초기에 로마는 모든 것이 약했다. 특히나 카르타고의 천재 한니발을 당해낼 수 없었고 결국 매 전쟁에서 패했다. 그러나 끝까지 살아남은 자는 로마였다. 카르타고에 비해 부족했지만 죽음을 마다하지 않고 싸웠기에 로마는 마지막 승리를 거둘 수 있었다. 죽음을 사이에 두고 싸웠던 로마인의 투지가 있었기 때문에 포에니 전쟁을 끝낸 로마는 천 년동안 서구 세계를 지배했다. 죽음을 전제로 싸우는 사람 앞에 맞설 사람이나 조직은 있을 수 없다.

주도권 잡기, 자신의 판을 만들어라

유튜브가 처음 문을 열 때 오늘날 같은 위상을 가지리라고 누가 예상했을까? 하지만 이제는 거의 모든 주제가 유튜브에 올라오고, 업로드된 동영상을 지구촌 수백만 명이 공유하는 문화가 형성됐다. 유튜브를 보다가 특히 놀라는 것은 이 지구상에 뛰어난 사람들이 너무나 많다는 것이다. 그래서 어느 분야에서 최고가 되는 것은 쉽지 않기에 차라리 유일한 사람이 되는 방법을 찾아야겠다는 생각을 하게 되었다.

언젠가 고향에 들러 중학교 동창을 만났다. 반가운 마음에 막걸리 한잔을 앞에 놓고 지나간 세월의 이야기를 주고받았다. 친구가 하는 일은 쪽빛 염색이라고 했다. 본인 스스로는 별일 아니라고 말했지만 그 얼굴에서 자신의 일에 대한 자부심을 읽을 수 있었다. 그는 중학교 졸업 후 무명천을 짜고 거기에 쪽물을 들이는 일만을 줄곧 해왔다고 한다. 집안 대대로 내려온 염색 기술에 자신의 노하우를 보태 전통 염색에 일가견을 이룬 친구는 당당히 무형문화재로 지정되었다. 현재 그가 일하는 작업 공간에는 염색 일을 전문적으로 배우려는 사람들이 줄을 잇고 있다. 자신의 판을 만들고 그 위에서 다른 사람들을 놀게 하는 친구가 자랑스러웠다.

남이 만들어 놓은 판 위에서 잘하는 것도 중요하다. 그러나 다른 사람이 만든 판에서는 두각을 나타내기가 쉽지 않다. 군대의 교육기관에서 시험을 치르면서 경험했던 일이다. 교육을 받다 보면 교육기관마다 선배들로부터 전수되어 내려오는 핵심 요약 노트가 있다. 이를 일명 '족보'라고 하기도 하고 '고춧가루'라고도 한다. 해당 과목을 잘 이해하지 못하는 사람이라면 족보나 고춧가루에 목말라 한다. 물론 그런 요약 정리가 일부 도움이 되는 면도 있다. 하지만 분명한 것은 요약 정리를 보고 공부한 사람 중에 이를 만든 장교보다 더 좋은 점수를 받는 사람은 없다는 것이다. 남이 한 것을 보고 배우거나 남이 만든 판 위에서 일할 때 그 원조를 이기기는 쉽지 않다. 자기만의 판을 만들어야 하는 이유가 여기에 있다.

자기만의 판을 만들어야 하는 것은 비단 개인에게만 국한되지 않고 조직이나 국가에도 해당된다. 오늘날 전 인류가 영향을 받고 있는 거대한 체스판은 단연 브레튼우즈 체제다. 브레튼우즈 체제는 제2차 세계대전 종전 직전 미국 뉴햄프셔주 브레턴우즈에서 개최된 44개국이 참가한 연합국 통화 금융 회의에서 탄생했다. 브레튼우즈 체제는 표면적으로 미국의 달러화를 기축 통화로 해서 국제 통화의 유동성 공급과 국제수지 조정 메커니즘을 원활히 하겠다는 목적을 가지고 출발했다. 그러나 이로 인해 미국이 세계 경제의 중심이 되는 판이 형성되고 말았다. 오늘날 미국은 세계 최대의 무역 적자국이고 재정 적자국임에도 불구하고 세계 경제를 선도하는 데 흔들림이 없다. 달러화가 기축 통화의 역할을 하는 이상 이러한 기현상은 계속될 것이고 우리는 그 영향 아래서 행동할 수밖에 없다. 이렇듯 한번 만들어진 판은 그 자체로 지속성과 생명력을 갖는다.

군 생활을 하면서 내가 해왔던 업무 중 하나인 공보 업무는 조직의 일을 알리는 홍보와 달리 조직에 대한 부정적인 여론이나 이미지를 차단하는 역할을 한다. 나는 이 둘의 차이를 '홍보란 좋은 날씨에 깃발을 올리는 일, 공보는 궂은 날씨에 깃발을 내리는 일'이라고 설명하곤 했다. 공보는 나쁜 일을 빨리 수습하고 평소의 상태로 돌아오는 데 중점을 둔다.

공보 업무를 수행하면서 나는 세 가지 수단을 활용하는데 중점을 뒀다. 나만의 판을 짜고 이를 적용하고자 한 것이다. 그것은 팩트, 템포, 관점이다. 어떠한 사건·사고가 발생하면 관련된 팩트를 파악하는 게 일의 시작이다. 당연히 팩트에는 이면의 세계가 있을 것인 만큼 이를 같이 파악하는 것 또한 필요하다. 팩트가 확인되었다면 템포를 선정하는 게 중요하다. 마지막으로 관점을 정한다. 내가 취할 관점을 선정하고 이를 상대방으로 하여금 수용할 수 있게 하는 방안을 마련해야 한다. 팩트와 템포 그리고 관점, 이 개념 위에서 군의 공보업무가 이뤄지고 있다는 것에 나는 자부심을 가지고 있다.

8 장

프로답게
패배하기,
다시 시작하는
방법

조직원 모두가 절망감의 늪에서 빠져나오지 못하고
패배를 받아들일 때 비로소 전투의 승패가 갈린다.

실패를 견딘 전략이 성공한다

사관학교를 졸업하고 직업 군인의 길을 걷는 이들 중에서 위대한 전략가를 꿈꾸지 않은 자는 없을 것이다. 물론 전략이 군인들의 전유물은 아니다. 오늘날에는 비단 군인뿐만 아니라 사회 각 분야 사람들이 전략을 논하고 승리를 위한 저마다의 전략을 제시한다.

전략은 목표 달성을 위한 최선의 방안을 지향하지만 모든 전략이 성공으로 귀결되는 것은 아니다. 그렇다면 우리는 전략을 대하는 태도를 다시 한번 가다듬을 필요가 있다.

전략의 출발은 실패를 견디는 것이다. 우리가 잘 아는 에이브러햄 링컨(Abraham Lincoln)은 말 그대로 역경의 대명사였다. 그는 사업에 실패하고 국회의원 선거에 연거푸 낙선하고 아내를 잃고 부통령선거에도 낙선했다. 하지만 끝내 대통령에 당선되고 가장 존경

받는 사람이 되었다. 도종환 시인의 시집 제목처럼 흔들리지 않고 피는 꽃이 어디 있으랴. 전략 역시도 흔들리고 실패를 경험하면서 승리의 꽃을 피우는 것이다.

실패를 하더라도 다시 도전할 수 있어야 한다. 문제는 실패를 견디는 힘을 키우는 방법이다. 앞에서도 예로 들었듯 세 번에 걸친 포에니 전쟁에서 로마는 초반의 패배를 딛고 최종 승리를 얻어냈다. 이러한 포에니 전쟁의 로마를 보고 실패를 견디는 법에 대한 몇 가지 실마리를 깨달을 수 있다. 첫째, 자신의 분수를 알아야 한다. 특히 전략이라는 것은 늘 상대가 있는 만큼 상대에 비해 취약한 점과 부족한 점 등을 빠짐없이 나열하고 이를 기초로 생존할 수 있는 법을 찾아야 한다. 둘째, 상대방이 가지고 있는 강점을 명확히 파악한 후에 이를 최소화할 수 있는 법을 모색해야 한다. 셋째, 지구전에 돌입하면서 힘을 키우고 때를 기다리는 것이다. 인내심을 가지고 시간을 보내기 위해서는 무엇보다 내부의 단결이 필요하다. 포에니 전쟁에서 카르타고가 패망에 이르게 된 것도 카르타고가 내부 불화로 제대로 된 지원을 하지 못했기 때문이다.

이렇듯 모든 전략이 성공을 보장하지는 않지만 실패를 견딘 전략은 이미 성공을 잉태하고 있다. 인간은 처음부터 모든 것을 잘할 수 없고 모든 일을 성공으로 이끌 수도 없다.

나는 초등학교 때 웅변을 하며 여러 차례 학교 대표로 대회에 참가했었다. 지역 예선을 거치고 군(郡)에서 열리는 중간 대회에 참석했을 때였다. 내 차례가 되어 외웠던 내용들을 자신있게 토해내는데 중간에 그만 다음 문장이 생각나지 않았다. 얼마 정도 정적이 흐른 후 겨우 생각을 짜 맞춰 웅변을 끝냈다. 그 순간이 내 인생에서 가장 길었던 몇십 초였다. 이후 나는 군인의 길을 걸으면서 많은 강의를 담당했다. 강의를 할 때마다 그 실수가 떠올라 다시는 그런 실패를 하지 않기 위해 꼼꼼하게 강의를 준비했다. 누구에게나 실패는 있다. 중요한 것은 '이 실패를 통해 무엇을 배우고 어떻게 다음 전투를 준비하는가.'다. 이 지점이 바로 위대한 전략가가 탄생할 수 있는 분수령이다.

절망할 때, 실패한다

상대방과의 경쟁이라는 측면에서 감정은 가급적 자제하는 것이 좋다. 그 이유는 크게 두 가지다. 첫째, 감정에 휩싸이면 제대로 된 판단을 하지 못할 수 있기 때문이다. 마피아 세계를 다룬 영화 〈대부〉에서 대부 마이클 콜레오네가 조카 빈센트를 후계자로 교육하는 과정이 나온다. 마이클 콜레오네는 젊은 혈기에 경쟁 조직의 두목에 대한 화를 쏟아내는 조카에게 "적을 저주하지 마라. 그러면 판단이 흐려진다."라며 조카의 불같은 성격을 나무랐다. 누군가를 미워하면 제대로 판단하지 못하고 이는 결국 자신에게 해로운 결과로 돌아온다는 것을 잘 알고 있었기에 이런 조언을 한 것이다. 둘째, 감정을 드러낸다는 것은 곧 상대에게 내 머릿속의 생각을 드러내 보이는 것과 같기 때문이다. '적을 알고 나를 알면 백번 싸워도 위태롭지 않다.'고 했다. 역으로 내 의도가 상대에게 드러나면 위태로울 수밖에 없다. 경쟁의 상대 앞에서 나를 드러내는 사람은 이미 전략가라고 할 수 없다.

그렇다면 우리는 감정을 어떻게 이해해야 하는가? 오늘날 뇌과학 이론에 의하면 인간의 감정은 두 가지 측면에서 접근이 가능하다. 하나는 문화적 구성이고 다른 하나는 신경적 구성이다.

문화적 구성 측면에서 인간의 감정은 사회적 속성과 연계되어 있다. 죽음을 예로 들면 한국인들에게 죽음은 어둡고 슬픈 것으로 인식된다. 하지만 케냐의 루오 부족은 장례식을 축제의 형식으로 치르는데, 악단을 불러 음악을 연주하는 등 요란스럽고 시끌벅적하게 진행한다. 이처럼 죽음을 받아들이는 것도 각 나라나 문화에 따라 매우 다르다. 이는 감정이 그 사회가 갖는 속성과 밀접한 관계를 갖고 있기 때문이다.

감정이 사회적 실체라는 것을 알았다면 이제 감정의 흐름을 조절할 수 있다는 것을 예상할 수 있다. 중국의 삼국 시대에 위나라를 세웠던 조조는 감정 조율에 있어 최고 수준에 이른 사람이라 할 수 있다. 그는 식량이 부족한 상황에서 군량미를 담당했던 자가 군량미를 빼돌렸다고 책임을 전가시켜 불만을 잠재우는 등 사람의 감정을 다스리는 방법을 알고 있었다. 이러한 조조는 적벽대전에서 패하고 달아나는 가운데 "전투에 실패한 것이 두려운 것이 아니라 실패가 가져올 절망이 두렵다."라고 말했다고 전해진다. 이 말의 진위 여부는 확실하지 않지만 이 내용을 접하고 나는 내심 놀랐다.

인간의 감정 구성을 신경적 측면에서 바라보면 인간의 부정적인 감정은 우울과 불쾌를 거쳐 당황으로 진화하고, 우울은 절망으로, 불쾌는 분노로, 당황은 공황으로 전이된다. 궁극적으로 깊은 우울감이나 절망감은 우리 인간을 무기력한 존재로 만들고 궁극적으로 자기 파괴나 조직의 패배로 견인한다. 그리고 이러한 감정의 단계로 들어서면 여기서 빠져나오는 것이 말처럼 쉽지 않다. 조조가 감정의 구성 메커니즘까지 깨달았는지 알 수는 없지만 인간의 감정의 흐름을 누구보다도 잘 꿰뚫었던 사람임에는 틀림이 없다.

사관학교 3학년 때 사랑하던 할머니께서 유명을 달리하셨다. 할머니의 장례를 치르고 복귀한 다음 날에 바로 군사 훈련이 시작되었다. 훈련은 광주 무등산자락을 타고 화순 동복에 있는 유격장으로 이동하는 행군으로 시작되었는데 늦여름 더운 날씨 탓에 그만 낙오를 하고 말았다. 군 생활을 통틀어 육체적으로 무너진 처음이자 유일한 경험이었다. 유격 조교가 나를 군용 트럭에 태우면서 "병아리 한 마리 추가."라고 할 때 깊은 비애감을 느꼈다. 그리고 몇 명의 낙오된 생도들과 막사로 간 후, 한 인간으로서 그리고 군인으로서 말할 수 없는 절망감이 들었다. 육체적으로 무너진 행군 당시보다 절망감을 느꼈던 그날 밤에 나는 진정으로 패배감을 느꼈다. 지금까지도 나는 가을로 접어드는 밤이면 듣게 되는 귀뚜라미 소리에서 낙오하여 경험했던 처량한 감정을 느끼고 있다. 조직원 모두가 절망감의 늪에서 빠져나오지 못하고 패배를 받아들일 때 비로소 전투의 승패가 갈린다. 그렇기 때문에 우리는 스스로의 감정을 관리하고 조율할 수 있어야 한다.

모르는 것을 머금을 때 실력이 된다

세상을 둘러보면 모르는 것 투성이다. 당장 앞으로 어떻게 될 것인지부터 산에 있는 나무나 구르는 돌이 어떻게 구성되어 있는지까지 세상사의 대부분을 잘 알지 못한다. 이뿐 아니라 인간사의 일들도 자신있게 대답하기 쉽지 않으니 내가 무엇을 알고 있다고 말하는 것 자체가 부끄러울 지경이다.

군 생활하는 동안 나보다 계급이 높은 분들과 차를 타고 갈 때면 종종 다양한 질문을 받고는 했다. 질문이 나에 관한 것이라면 크게 문제가 없을 텐데 "저 고지는 해발 몇 미터 정도나 될 것 같아?", "저기 보이는 마을은 행정구역 어디에 속해?", "왜 도로를 이쪽으로 냈을까?" 등의 질문을 받을 때면 난감하다. 초급장교 시절에는 아는 것도 별로 없고 무엇보다 이러한 질문에 어떻게 답해야 하는지 요령을 몰라 "확인해서 보고드리겠습니다."라고 끝내는 경우가 많았다. 그런데 어떤 초급 간부는 지휘관이 물어보는 것을 막힘없이 설명하여 총애를 한 몸에 받았다. 그런데 나중에 확인하니 답변의 상당 부분이 엉터리고 거짓말이었던 것이 드러나 한동안 그 간부는 얼굴을 들고 다니질 못했다.

나는 모르는 것이 있으면 바로 해답을 봐야 하는 성격이다. 심지어 잠자리에 들었다가도 무언가 궁금한 것이 생기면 다시 일어나 확인을 하거나 최소한 메모를 하고서야 편히 잠을 자는 스타일이다. 나중에 뇌과학을 연구해 보니 나의 이러한 성향들은 이마 뒷부분에 위치하는 '내측전전두피질'과 '전방대상피질'에서 일어나는 감정의 처리 결과에 기인하는 것임을 알게 됐다. 복잡한 문제를 해결하기 위해 진화한 전전두피질과 불안 및 공포를 관장하는 변연계가 함께 작동하면서 이러한 성향이 만들어진 것이다. 간단히 말해, 모르는 것은 곧 불안하다는 것이고 불안한 것은 생존에 안 좋은 것이기에 모르는 것은 부정적인 것이라는 결론이 나오는 회로가 다른 사람보다 더 예민하게 작동한다고 볼 수 있다.

그런데 궁금한 것을 견디지 못하고 바로 알아내는 것은 실력 향상에 크게 도움이 되지 않는다. 급하게 답을 요구하면 우리 뇌는 빠르게 답하기 위해 틀린 답을 마구 던진다. 영어 발음이 잘 안 들려

궁금해할 때면 전혀 다른 단어처럼 들리는 것도 같은 맥락으로 이해할 수 있다. 아울러 몰랐던 것을 곧바로 알았을 때 그 순간은 불안감이 진정되는 효과가 있을지언정 그때 얻은 지식들이 오래 기억에 남는 것도 아니다. 그렇다면 오히려 '모르는 것을 마음속에 머금고 있는 것'이 필요하겠다는 생각에 이른다. 궁금한 사항에 대해 즉시 답을 찾기보다 모르는 상태를 유지하여 뇌가 아무 답이나 내놓지 않도록 해야 한다.

모르는 것을 일정 시간 머금고 있을 때 인간의 두뇌는 비로소 내 관점에서 나 자신을 바라본다. 최근 뇌과학자들이 밝힌 결과에 의하면 인간의 뇌는 돌출 모드(Salience mode), 기준점 모드(Default mode), 실행 모드(Executive mode) 세 가지 모드가 있다고 한다. 실행 모드는 집중 모드라고도 하는데 운전으로 비유하면 톨게이트 진입 시 이동 방향을 정하는 모드라고 할 수 있다. 돌출 모드는 사고나 특이한 광경을 목격시 발현되는 모드를 말한다. 기준점 모드는 가장 자주, 오래 사용하는 모드로 고속도로에 올라탄 자동차가 주행을 하는 단계라고 할 수 있다. 이 모드는 심적 세계와 사회적 관계 등에 주목한다. 인간은 24시간 동안 이 세 가지 모드를 상황에 따라 바꾸는데 이들 중 기준점 모드의 주요한 역할은 인간의 두뇌에 저장된 이미지와 이미지를 연결하려는 시도를 하는 것이다. 모르는 것을 오래 머금은 상태여야 기준점 모드를 지속할 수 있다.

이를 통해 자신이 가지고 있는 창조성을 발현시키고 더 나아가 인생 전체에 대한 깊은 사고를 이어 나가야 한다.

우리가 자유형을 배울 때 숨을 쉬기 위해 고개를 돌리는 순간 입안에 공기와 물을 반반씩 머금고 있어야 한다는 것을 알고 있다. 우리의 지식도 모르는 것과 아는 것을 함께 머금고 있을 때 더 깊은 앎의 경지로 나아갈 수 있다.

자연엔 적응하고 공간은 극복하라

사람들은 〈최종병기 활〉이라는 영화의 대표적인 명대사로 "바람은 계산하는 것이 아니라 극복하는 것이다."를 꼽는다. 이 영화를 본 많은 양궁 선수들도 이 대사에 공감했다고 한다. 실제 양궁 선수들은 활시위를 당길 때 바람을 계산하여 '오조준'한다. 이러한 오조준은 과녁에 설치된 깃발, 그리고 35m 지점에 설치된 풍향계, 그리고 활을 쏘는 사람이 직접 몸으로 느낀 바람의 정보를 종합해서 정해진다.

자연에 적응하고자 하는 노력은 비단 활쏘기에 국한된 것만이 아니다. 크게 보아 인류의 진화 자체가 근본적으로 자연에 적응하는 과정으로 이뤄져 왔다고 말할 수 있다. 현생 인류의 기원에 대해 과학자들이 내놓은 가장 지배적인 견해는 '아프리카 기원설'이다.

현생 인류는 아프리카에서 진화해서 아시아로 이주하여 호모 에렉투스를 대체하고 유럽으로 이주하여 호모 네안데르탈렌시스의 인구를 대체하면서 오늘에 이르고 있다. 인류가 이동하는 동안 몇 차례의 빙하기와 간빙기가 번갈아 나타났고 현생 인류는 여기에 적응하여 살아남는 지혜를 보였다. 여름에는 천막을 쳤고 겨울에는 오두막이나 붙박이집을 짓는 식으로 자연에 적응하며 인류는 지구를 점령할 정도로 그 숫자를 증가시켜왔다. 이후로도 인류는 자연에 적응하는 가운데 공간을 극복하기 위해 힘과 지혜를 쏟았다.

군대도 예외일 수 없다. 육군 보병학교를 거쳐 간 사람들은 유격장에서 수많은 땀방울을 흘렸던 경험을 가지고 있을 것이다. 나 역시도 전방 소대장으로 부임하기 전 동복 유격장에서 지옥 훈련을 견디고 극한 속의 여유를 맛봤다. 유격 훈련은 대부분 공간에 대한 극복으로 구성되어 있다. 훈련장에 입교하기 위해 무등산을 타고 끝없이 걸어야 하는 행군에서 마지막으로 하는 도피 및 탈출 훈련까지 모든 것이 두 발에 의존하는 가장 원시적인 공간 극복에 기초를 두고 있다. 1주 차 체력 훈련을 마치고 바로 이어지는 장애물 훈련도 그렇다. 여기에는 지상 장애물, 줄타기, 자연 암벽 도하 훈련 등이 있는데 이들은 모두 공간 사이의 장애물이다. 이러한 장애물을 극복하기 위해 인류는 원시적인 짚신부터 흡착력 강한 장갑이나 5세대 전차에 이르기까지 지혜를 결집한 첨단 장비들을 개발하며 오늘에 이르고 있다. 이러한 발전은 공간을 극복하고 자연에 적응하려는 인류의 의지에서 출발한다.

　동복 유격장은 강도 높은 훈련으로도 유명하지만 연병장 단상 뒤에 있는 비석에 써 있는 글귀로도 유명하다. 이는 유격 훈련을 거쳐 갔던 이들이 유격 훈련을 마친 것에 대한 자부심과 추억을 모아 까만 비석에 굵은 흰 글씨를 아로새긴 것이다. 나는 비석에 새겨진 많은 글귀 중에 "또 없는가"라는 짧은 말에 특히 마음이 간다. 악명 높다던 동복의 유격 훈련이 고작 이 정도인가, 더 강한 훈련은 없느냐는 강한 도전 의식이 느껴지기 때문이다. 공간에 대한 극복이나 자연에 대한 적응도 그 출발은 생존에 대한 도전 의지에 있는 것을 이 글귀를 통해 다시금 깨닫게 된다.

'혁신'은 없다, 오직 새로운 매일이 있을 뿐

혁신이라는 말은 요즘 우리 사회에서 가장 빈번히 쓰이는 어휘 중 하나다. 쓰이는 분야 역시 다양하다. 제품과 연결된 경영 분야 외에도 군사, 교육, 예술 등 사회 전반에 걸쳐 쓰이지 않는 곳이 없을 정도다. 이는 그만큼 우리 사회가 혁신에 목말라하고 있다는 방증이라고 본다. 혁신은 가죽 혁(革)자와 새 신(新)을 합친 말로 '가죽을 벗기는 고통을 감내하여 변화한다.'는 의미로 해석 된다. 영어로 표현된 혁신의 경영학적 정의는 'Innovation means invention implemented and taken to market.'이다. 이는 '새롭게 개발된 제품이 시장으로 판매되는 것' 정도로 해석이 가능하다. 동양적 시각에서는 혁신은 피눈물 나는 노력을 통해 과거와 단절하고 새로운 변화를 시도한다는 의미이고 서양적 시각에서는 창발적인 사고가 제품으로 연결되는 공정 과정이다.

나는 서양적 시각에 점수를 더 주는 입장이다. 동양적인 시각을 쫓아가다 보면 혁신하기 위해서 무조건적으로 과거와 단절해야 하고 또 가죽을 벗기는 고통을 수반해야만 한다는 이미지가 떠올라 오히려 혁신에 대한 거부감이 들기 때문이다. 혁신은 사회를 보다 나은 세상으로 만들어나가는 과정으로 봐도 충분히 그 목적을 달성할 수 있다. 사실 혁신이 이뤄져야 하는 별도의 때가 어디 있겠는가? 우리 사회를 조금이라도 더 나아지게 할 수만 있다면 매일이 아니라 매시간일지라도 우리는 혁신해야 한다.

이러한 절박한 심정에 군의 시각을 하나 더 보탠다면 '전투하는 부대에 혁신이란 단어는 없다.'고 할 수 있다. 당장 전투에 패하면 죽음으로 이어질 것인데 살아남고 이기기 위해서는 혁신 아니라 그 이상의 것이라도 받아들이고 바로 적용해야 한다. 즉 전투하는 부대는 생활이 곧 혁신이어야 하는 것이다. 그래서 인류의 전쟁사는 혁신의 연속이다.

현재 사용하는 많은 무기 체계들도 전쟁 중에 새롭게 개발되었다. 몇 가지만 예로 들면 전차의 경우 제1차 세계대전 중 영국이 프랑스와 공동연구를 통해 개발되었고 1916년 솜 전투에 처음 투입되었다. 당시 보병 종심(縱深)이 철조망과 참호, 기관총 진지로 구성되어 이를 돌파하기 위한 장비로 개발되었다. 비행기는 또 어떤가. 물론 최초 동력비행기 '플라이어 1호'는 라이트 형제에 의해 만

262   8 장

들어졌다. 그러나 비행기의 성능이 비약적으로 발전하게 된 계기는 제2차 세계대전을 통해서였다.

그러나 혁신은 전투 중이라는 사실만으로 쉽게 이뤄지는 것은 아니다. 《룬샷》이라는 책에서 들고 있는 레이더 개발 사례를 보면 혁신의 어려움을 이해할 수 있다. 송신기와 수신기만 있으면 전파 간섭 효과를 이용하여 선박의 탐지가 가능하다는 것을 알아낸 것이 1922년이었다. 그런데 이후 18년 동안 이 아이디어를 활용하지 못했고 1941년 일본군에 의해 진주만 습격을 받았던 날도 레이더 조기 경보 시스템은 현장 테스트 중일 뿐이었다. 왜 이러한 일이 벌어졌겠는가? 그것은 혁신적인 사고나 방법이 현실에 적용될 수 있는 구조적 조건이 갖추어지지 않았기 때문이다. 혁신을 위해 가죽을 벗길 정도로 치열해야 한다는 의지만 강조해서는 혁신이 촉발되기 어렵다.

혁신하기 위해서는 구조를 만들어야 한다. 이러한 구조를 만들기 위해서는 몇 가지 조건을 고려하고 있어야 한다. 새로운 아이디어나 시도는 무조건 존중하고 수용하는 자세다. 미국 국방부를 방문했을 때다. 미군은 늘 지구촌 어디에선가 전투를 수행하는 군대인 만큼 전투 장비의 효율성에 지대한 관심을 기울이는 것으로 유명하다. 그런데 정작 나에게 울림을 줬던 것은 장비의 개선이 아니라 장비 개선을 위한 아이디어를 받아들이는 시스템이었다. 미군은 누구든지 아이디어만을 제시하도록 하고, 그에 대한 검증은 철저히 펜타곤의 역할로 이분화해서 접근하여 조그마한 아이디어도 놓치지 않고 현실에 접목시키려 노력한다.

다음으로 새로운 것을 시도함으로써 유발할 수 있는 손해와 실패를 인정하는 태도다. 모든 아이디어가 성공으로 연결되지는 못할 것이다. 또 어떤 면에서는 수준 이하의 아이디어가 제시되는 경우도 많다. 이러한 과정에서 발생할 수 있는 손해와 실패를 인정하고 이를 다음번 성공을 위한 밑거름으로 삼는 문화가 정착되어야 한다. 개발 과정의 실패를 성공을 향한 가능성의 누적으로 바라볼 수 있는 사회적 여유가 없다면 결코 혁신은 일어날 수 없다.

최고의 복지는 승리

병사들이 받는 봉급의 금액에 대해서는 바라보는 사람마다 시각차가 있다. 어떤 이는 자신이 군에 복무할 때 받았던 봉급과 비교하면서 "세상 좋아졌다. 개선이 된다는 것은 참 좋은 것이다."라고 말하는 이가 있는가 하면 어떤 이는 "의무 복무하는 병사들에게 이러한 금액의 돈을 지급한다는 것 자체가 어떤 의미를 갖느냐."라며 부정적 견해를 보이기도 한다. 이런 다양한 견해들을 모두 군에 대한 애정에 기반한 것으로 이해하고 싶다.

다른 조직도 그렇겠지만 군은 특히 사람을 관리하는 대표적인 조직인만큼 장병들에게 어떤 복지 혜택을 부여하느냐에 대해 관심이 높다. 나는 복지 혜택을 이야기할 때 두 가지를 기준으로 삼는다. 하나는 '가장 필요로 하는 것을 주고 있는지'이고 또 다른 하나는 '가장 중요한 것을 주고 있는지'다.

그러나 복지 혜택은 꼭 필요한 것을 주었다고 해서 목적을 달성했다고 말하기는 어렵다. 사람이라면 당장 필요한 것에 목말라하는 것이 인지상정이겠지만 그렇다고 가장 중요한 것을 간과해서도 안 되기 때문이다. 물론 사람마다 그리고 상황마다 가장 중요하게 생각하는 것은 다를 수 있다. 한 후배는 마을 이장되는 것이 꿈이었다. 그래서 아버지에게 "이장이 되려면 어떻게 해야 하는가?"라고 물었더니 아버지께서는 "한자를 많이 알아야 한다."라고 하셨단다. 그래서 초등학교 저학년때부터 한자를 많이 공부해 이 분야에 해박한 지식을 쌓을 수 있었다는 이야기를 듣고 한참 웃었던 기억이 있다. 이 후배에게 중요한 것은 다른 무엇보다도 이장이 되기 위한 한자 실력을 쌓을 수 있는 기회였을 것이다.

요즘은 대체로 당장 필요한 것에 방점을 더 두고 정작 중요한 것에 대해서는 관심을 두지 않는 경향이 있다. 일례로 군의 간부들 같은 경우에는 필요한 것이라 여기는 칭찬과 격려에 대한 관심이 지대해지는 반면 가장 중요한 업무 역량의 강화에 대해서는 소홀해지는 것을 들 수 있다. 이러한 세태의 흐름은 아마도《칭찬은 고래도 춤추게 한다》는 유형의 책자가 우리 사회에 큰 영향을 미쳤기 때문이 아닌가 싶다. 하지만 군의 간부가 맡은 역할의 중요성을 고려한다면 우선적 관심사는 업무 역량의 제고가 되어야 한다.

동티모르에 UN 평화유지단 참모 요원으로 파병되어 임무를 수행한 적이 있었다. 처음 해보는 해외 파병 업무를 큰 실수없이 수행할 수 있었던 것은 영어를 습득할 수 있는 기회를 제공해준 군대의 덕분이라고 할 수 있다.

물론 '소확행(소소하지만 확실한 행복)'이나, '저녁이 있는 삶', '존중과 배려' 등은 우리가 조직원들에게 제공해야 할 필요한 복지 혜택이다. 하지만 프로페셔널에게 필요한 복지는 이와 다르다. 한 나라의 안위를 책임지고 국민들의 자제들 심신을 안전하게 책임져야 하는 군의 간부라면, 부하들을 이끌어야 하는 책임을 가진 리더라면 상급자의 칭찬은 아무런 의미가 없을 것이다.

그렇다면 리더가 부하에게 줄 수 있는 가장 큰 복지는 무엇일까? 우리가 부하에게 줄 수 있는 가장 큰 혜택은 돈도 칭찬도 국도 밥도 아닌 오직 승리라고 생각한다. 6.25나 월남전에 참전했던 장병들의 수기를 읽어 보면 전투를 하루 앞두고 잠을 이루지 못하며 부상과 죽음의 공포를 감내하는 모습이 수없이 나온다. 이들로 하여금 삶에 대한 끈을 이어가게 하기 위해서는 승리를 계속해서 경험하게 해야 한다. 승리를 지속했을 때 전투 기량도 늘어나고 자신감도 배가하는 것은 당연하다. 한국계 미국인인 김영옥 대령이 2차 세계대전이나 한국전을 참전하면서 매번 성공 신화를 써 내려갈 때 병사들은 인종을 가리지 않고 김영옥 대령의 지휘를 받으려고

애를 쓰는 모습을 그의 수기에서 쉽게 발견할 수 있다. 이런 점에서 '그 어떤 지휘관의 능력도 승리를 향한 확실한 작전 개념을 능가할 수 없다.'고 이야기하는 것이다.

결정적 지점, 결정적 결심, 그리고 결정적 지식

내가 좋아하는 낱말 중 하나는 '결정적'이라는 단어다. 결정적이라는 말은 음성모음이 묵직한 느낌을 줄 뿐만 아니라 과단성 있는 행동까지 그려지게 한다. 이러한 '결정적'이라는 말과 연계하여 많은 단어가 만들어질 수 있는데, 나는 '결정적 지점'이나 '결정적 결심' 그리고 '결정적 지식'이라는 용어를 주요하게 사용한다. 말 그대로 '어떤 일의 결과에 영향을 미칠 만큼 중요한 시·공간과 결심, 그리고 지식'이라는 의미를 갖는 용어다.

먼저 결정적 지점이다. 앙리 조미니(Antoine-Henri Jomini)라는 스위스 군사 전략가는 《전쟁론》을 지은 클라우제비츠와 함께 근대 군사 이론의 창시자로 꼽히는 인물이다. 조미니하면 군인들에게는

'불확실한 전쟁의 영역에서 승리를 이끌어 낼 수 있는 불변의 원칙을 찾으려고 했던 사람'으로 인식되곤 한다. 나폴레옹은 그의 우수성을 알아보고 군사 참모로 활용했는데 나폴레옹이 "내가 부하 장군들에게 수없이 가르쳐도 깨닫지 못하는 나의 전술 원리를 알아낸 친구는 바로 조미니다."라고 말했다는 일화가 있을 정도다. 조미니는 전쟁의 승리 조건 중 하나로 결정적 지점의 중요성을 언급했다. 그는 승리를 위한 원칙으로 '결정적 지점에서의 집중'을 강조했다.

개인에게나 조직, 더 나아가 국가에도 결정적 지점이 있을 수 있다. 결정적 지점을 관리하는 것은 우리가 살아가면서 문제를 해결하는 데 있어 중요한 역할을 하고 더 나아가 국가의 명운까지도 가를 수 있다. 한반도 남북을 가로짓는 휴전선은 38선에 기초하여 만들어졌는데 이 38선은 미 육군 대령이 그은 선에 의해 정해졌다. 1945년 일본이 항복했던 바로 그날 늦은 밤 미 국방부 정책 국장이었던 찰스 보네스틸(Charles Bonesteel) 대령과 딘 러스크(David Dean Rusk) 육군 대령은 미국이 점령할 지역을 선택하라는 임무를 부여받았다. 그들은 잡지사에서 만든 지도를 보고 미국과 소련이 분할 통치할 대략적인 선으로 북위 38도선을 그었다. 우리가 광복의 기쁨을 만끽하던 날 저녁, 미 국방부 회의실이 대한민국의 명운이 결정되었던 결정적 지점이었다.

다음은 결정적 결심이다. 결정적 결심을 하기 위해서는 결심하는 프로세스를 만들고 이에 대해 연습해야 한다. 단순히 무언가를 아는 것이 결과로 이어지는 것은 아니다. 군에서 주요하게 활용하고 있는 용어로 '결심 지점(Decision point)'이 있다. 지휘관이 특정 방책을 수립할 때 결심이 필요하다고 예상되는 시간과 공간상의 지점을 말한다. 참모들은 전쟁의 주요 단계별로 주요한 결심 지점에서 지휘관의 결심을 보좌하기 위해 지휘관 결심 지원 도표를 만들어 제공한다. 지휘관 결심 지원 도표에는 예상되는 주요 국면의 양상과 우발 사태 목록 그리고 결심할 사항들이 들어가고 더불어 아군 병력의 현황, 작전의 지속 상태 등도 고려해야 한다.

마지막으로 결정적 지식이다. 결정적 지점과 결정적 결심은 결정적 지식을 통해 그 성과를 보장받는다. 문제 해결을 위한 방향이 정해졌다 해도 정작 최종 순간에는 문제를 해결할 수 있는 수단이 있어야 하기 때문이다. 여기서 수단이 갖는 강력함이나 예리함은 결정적 지식에 기반을 두는 경우가 많고 이를 통한 상대적 우위가 최종 승리를 좌우한다. 다만 여기서 인식하고 있어야 할 것은 결정적인 지식이라고 해서 반드시 고차원의 지식을 의미하지는 않는다는 것이다. 분야에 따라 다를 수 있겠지만 조금의 노력이면 이해할 수 있는 수준이고 그 분량 역시 분야별 십여 가지 정도의 지식이면 족하다고 본다. 결정적 지식이 우리에게 유용한 도구가 되도록 하기 위해서는 결정적 지식을 바라보고 그 중요성을 인식하는 눈을 갖추고 있어야 한다.

결정적 지점을 찾고 결심을 하며 지식을 갖추는 것은 그다지 어렵지 않다. 다만 이들 요소를 찾겠다는 의식과 그 지식을 바라보는 눈을 만드는 일이 선행되어야 한다는 전제가 있어야 한다. 군인들이 즐겨 쓰는 군사적 금언으로. '수많은 전술적 승리도 단 한 번의 전략적 과오를 대신할 수 없다.'는 말이 있다. 결정적 지식으로 무장되고 결정적 지점에서 결정적 결심을 할 수 있을 때 단 한 번의 전략적 과오까지도 방지할 수 있다고 본다.

새벽을 기다리는 삶은 아름답다

2019년, 한국갤럽에서 성인남녀 1,700명을 대상으로 한국인이 가장 선호하는 요일에 대해 여론조사를 했다. 조사 결과, 가장 좋아하는 요일은 금요일로 응답자의 42%에 해당했다. 이어서 토요일은 30% 일요일은 13%를 차지했다. 반면 가장 선호하지 않는 요일은 월요일과 목요일이었다. 이 조사에 대해 "금요일이 가장 높은 선호도를 보인 것은 주말에 대한 간절함이 반영된 것이고, 일요일 선호도가 금요일이나 토요일에 비해 낮은 것은 월요일에 대한 중압감 때문인 것으로 보인다."라고 분석한 내용이 흥미로웠다.

사람들은 무언가를 하는 것 자체보다 그 무엇을 기다릴 때 더 많은 행복감을 느낀다. 실제 여행을 하는 것보다 여행을 준비하는 기간 동안 더 부푼 감정을 느끼는 것도 비슷하다. 그렇다면 궁금한 것은 기다림이 왜 행복감과 연결되는 것일까? 여기에 대해서는 〈고도(Godot)를 기다리며〉라는 연극이 일말의 답을 준다. 이 연극은 특별한 줄거리도 없이 두 사내가 누군가를 기다린다면서 무의미한 말장난을 하는 것이 내용의 전부다. 극 마지막에 고도의 전령사라고 할 수 있는 어린 소년이 나타나 고도는 오지 않을 것이라는 얘기를 전하지만 두 사내는 계속해서 고도를 기다리겠다는 의지를 드러낸다. 이들에게 있어 기다림은 생명을 연장하는 방편으로 등장하고 있고, 기다림을 포기하는 순간 그들은 생을 마감할 것이다. 이처럼 인간은 무언가를 기다리는 마음과 그 희망으로 살아간다.

사람들의 하루 생활 패턴을 통해 인간의 유형을 구분해 보면 크게 새벽형과 저녁형으로 나눠볼 수 있다. 나는 새벽형 인간이다. 사관학교 시절 익힌 습관 덕분에 보통 저녁 10시에 잠자리에 들어 새벽 4시 30분 정도에 일어나는 생활 리듬을 30년 이상 이어오고 있다. 그러나 정작 내가 하루를 시작하면서 의미를 부여하는 것은 '얼마나 이른 시간에 일어나는가.'가 아니라 '기대감으로 하루를 맞이하는가.'다. 새벽형 인간인지 저녁형 인간인지는 중요한 것이 아니다. 더 중요한 것은 매일을 기대감을 가지고 대하는 것이다.

소령 때 용인에 있는 사령부에서 실무자로 근무했던 적이 있다. 마침 사무실이 위치한 별관은 사령부에서 높은 위치에 있어 아침

해가 떠오르는 것을 가장 먼저 볼 수 있었다. 늦게까지 보고서를 작성하고 아침 일찍 보고할 요량으로 가장 먼저 출근하면 떠오르는 태양이 나를 반겼다. 그 강렬한 태양 빛을 바라보며 새롭게 펼쳐질 하루에 대한 기대감으로 내 가슴은 한없이 벅차올랐다. 물론 그때 구상하고 보고했던 내용들이 얼마나 중요했었는지는 떠오르지 않는다. 그렇지만 새롭게 착안한 아이디어가 누구도 생각을 하지는 못한 뛰어난 것이라 스스로 세뇌하면서 상관이 출근하기를 기다렸던 기억은 지금도 생생하다.

인간이 살아간다는 것은 무엇을 의미하는가? 단순한 생명 연장은 아무런 의미가 없다. 새벽을 기다리는 설레임이 내 마음속에서 솟구치지 않을 때 비로소 인간은 죽는다. 나는 이제 군인의 역할을 마치고 촌각을 다투는 업무에서 벗어나 있다. 하지만 여전히 새벽에 처리할 일들을 일부러라도 남겨놓고 잠자리에 드는 습관만은 버리지 않고 있다. 내 마음에서 내일에 대한 기대감의 끈을 놓지 않으려는 몸부림이다.

승부에
초연하기

흔히 인류가 저술한 3대 병법서라고 하면 통상 《오륜서》, 《전쟁론》, 《손자병법》을 이야기한다. 《오륜서》는 전국시대의 칼잡이 미야모토 무사시가 쓴 검술과 전투에 관한 일반적인 방법을 다룬 지침서다. 《전쟁론》은 프로이센의 장군인 클라우제비츠가 나폴레옹 1세의 여러 전쟁과 자신의 전투 경험을 토대로 전쟁이론을 정리한 책이다. 《손자병법》은 춘추시대 제나라 출신 손무가 군사 운영의 원칙과 전술을 기술한 책이다. 각각의 책들은 당연히 저자의 의도에 따라 그리고 저술된 시대상에 따라 주장하는 바가 다르나 궁극적으로는 모두 승리를 거머쥐기 위한 방법론을 얘기하고 있다.

개인이든 조직이든 전투를 수행하기 위해서는 이를 주도해 나가는 사람이 있어야 한다. 오늘날의 프로페셔널에 해당하는 이를 《손자병법》에서는 장수로, 《전쟁론》에서는 군사적 천재로, 그리고 《오륜서》에는 무사로 언급하고 있다. 《손자병법》에서 무릇 장수는 다

섯 가지 자질을 갖추고 있어야 한다고 했다. 바로 지략(智), 신의
(信), 인(仁), 용(勇), 엄격함(嚴)이다. 손자는 장수의 자질 중에서 지
략을 제일의 위치에 놓았다. 이는《논어》의 '학이불사즉망 사이불
학즉태(學而不思則罔 思而不學則殆)', 즉 공부만 하고 생각을 안 하면
어리석고, 생각만 하되 공부를 안 하면 위태롭게 된다는 뜻을 가진
말과 같은 맥락을 갖는다. 신의는 장수의 진퇴가 분명하고 처신의
기준이 명확해야 한다는 사실을 말한다. 조직 운영에 있어 이러한
믿음은 신상필벌을 통해 드러난다. 장수는 상과 벌에 있어서 사사
로운 감정에 치우침이 없이 공평무사해야 한다. 인은 사랑이며 부
하에 대한 배려다. 사랑과 배려는 시대에 따라 적용의 수준이 다를
수 있으나 기본적으로 '함께 하는 마음'이라 할 수 있다. 용기는 담
대함이다. 현실을 직시하고 자신이 부족할 때는 물러나고 승산이
있을 때는 싸울 수 있는 것이 진정한 용기다. 마지막으로 엄격함은
법을 토대로 명령이 잘 지켜지는 것을 뜻한다. 따라서 신중하게 명
령을 내리고 내려진 명령이 확실하게 적용되어야 진정한 장수라고
할 수 있다.

《전쟁론》에서 언급하는 군사적 천재는 세 가지 자질을 갖춰야
한다. 그것은 지성과 용기와 침착성이다. 클라우제비츠는 이 중에
서 지성을 가장 중요한 요소라 했다. 지성에서 용기도 나오고 침
착성도 확보할 수 있다고 봤기 때문이다. 그는 지성을 혼란 속에

서 인간의 정신을 진실로 이끄는 '내면의 불빛'이라고 표현하면서 통찰력과 같은 개념으로 설명하고 있다. 용기는 지성의 불꽃을 따르는 힘으로 표현했는데, 전장이 내포하고 있는 여러 마찰 요소를 헤쳐나갈 수 있는 결단력과 같은 의미로 설명하고 있다. 마지막으로 침착성은 예기치 않은 일이 일어났을 때 그것을 극복하는 능력이다. 여기서 침착성은 통찰력과 결단력이 있어야 확보될 수 있다. 클라우제비츠는 앞에서 언급한 침착성과 통찰력 그리고 결단력의 요소를 조화롭게 연합할 수 있는 사람이 군사적 천재가 될 수 있다는 것을 강조하고 있다.

《오륜서》에서는 평정심과 담대함을 최고의 지질로 언급하고 있다. 오륜서는 〈지의 권〉, 〈수의 권〉, 〈화의 권〉, 〈풍의 권〉, 〈공의 권〉 등 크게 다섯 개의 장으로 구성되어 있는데 앞의 네 개의 장은 병법을 가르치는 데 주안점을 뒀다면 마지막 〈공의 권〉에서는 도리어 병법을 잊어버릴 것을 가르친다. 병법을 배웠을지라도 실전에 이를 사용할 때는 이론에 구속받지 않고 마음을 좇아야 최고 경지에 이를 수 있다고 봤기 때문이다. 무사시는 무사가 오를 수 있는 최고의 경지를 '공명(空明)'의 경지로 봤다. 여기서 공명은 실제로 존재하지만 단지 안개처럼 모호해서 사람들이 자각하지 못하는 것을 말한다. 무사가 이러한 경지에 오르기 위해서는 그 어떤 일이 일어나더라도 솔직한 마음으로 평정심을 잃지 말고 담대하게 대해야 한다. 무사시가 이러한 결론에 도달하게 된 것은 검을 가지고 싸우는 전투는 결국 '사람의 마음을 빼앗는 것'이라고 봤기 때문이다. 이러한 심혼의 전투에서는 자기 스스로가 먼저 집착과 편파성에서 벗어나야만 궁극적 승리를 취할 수 있다고 여겼던 것이다.

인류가 저술한 3대 병법서에서 말하는 진정한 고수의 공통된 특징은 '승부에 초연한 것'이라 할 수 있다. 여기서 초연하다는 것은 애써 무심하거나 무덤덤함을 의미하는 것과는 거리가 멀다. 승부에 초연한 것은 철저한 계산을 토대로 승리에 대한 확신이 있기에 나올 수 있는 여유이자 무심(無心)함이다. 이러한 승리에 대한 확신은 번득이는 혜안과 농축된 지혜를 통해서 이뤄질 수 있다. 그러하기에 진정한 고수는 상대방과 나의 전력 비교를 완벽히 한 후에 승산이 없으면 아예 싸우지 않는다. 반면에 승산 있는 싸움이라는 확신이 들어 실제 싸움에 임했을 때는 모든 마음을 집중하여 어떻게 승리할 것인가에 대해서만 집중한다.

물론 싸움에 임하다 보면 때론 나보다 뛰어난 상대를 만날 수도 있을 것이다. 이때, 두려움이나 불안, 초조까지도 어떻게 승리로 연결할 수 있는지를 생각하는 것이 중요하다. 어떨 때는 나 스스로 공명심이나 실력을 과신하고 싶은 감정에 사로잡힐 수도 있을 것이다. 하지만 이 역시 승리라는 목적을 위해 존재하는 수단에 불과하다는 생각을 가져야 한다.

우리가 승부에 초연했을 때 설령 수많은 실패를 경험했다 하더라도 종국에는 전략적 승리를 거머쥘 수 있을 것이다.

후천적 프로페셔널 참고문헌

프롤로그

"Agoge", wikipedia, last modified 29.Nov.2022, https://en.wikipedia.org/wiki/Agoge

학습하는 문화를 만들어라

피터 센게, 강혜정 역,《학습하는 조직》, 에이지21, 2014.10.06.

조직력은 생존 전략이다

통계청, 〈2022 통계로 보는 1인 가구〉, 2022.12.7
최지원, "우리가 네안데르탈인이 아니라 호모 사피엔스인 이유, 뇌 구조!", 〈동아사이언스〉, 2018.04.26.
이주영, "[사이테크+]현생인류와 네안데르탈인, 유럽서 1천400~2천900년간 공존", 〈연합뉴스〉, 2022.10.14.

전략은 책상 위가 아니라 현장에 있다

크리스터 요르젠센, 오태경 역,《나는 탁상 위의 전략은 믿지 않는다》, 플래닛미디어, 2019.08.20.
현창용, "[현창용의 공간·공감]장치의 미학, 계단 이야기", 〈이데일리〉, 2018.03.24.

성공 후를 관리하라

대한상공회의소, 〈역동적 창업 생태계 조성을 위한 정책제언〉, 대한상공회의소, 2021.03.02

가치를 공유하라

톰 콜리, 김정한 역,《습관이 답이다》, 이터, 2018.08.31.

신뢰받는 조직을 만들어라

권석만, 《젊은이를 위한 인간관계의 심리학》, 학지사, 2017.17.25.
레이첼 보츠먼, 문희경 역, 《신뢰이동》, 흐름출판, 2019.03.29.

세상의 제약에서 벗어나라

진석용, 〈미국 혁신적 연구의 산실, DARPA〉, LG경영연구원, 2013.07.30.

구글과 놀기

은지성, 《직관의 힘》, 황소북스, 2015.11.04.
김슬기, "[특별 인터뷰] "데이터 소유가 곧 권력…구글이 神이 되는 세상 온다."", 〈매일경제〉, 2017.01.31.
전병근, "[다가온미래] "사피엔스는 이제 神이 되려 한다."", 〈조선비즈〉, 2015.05.06.

편집+상상력=창의력

송민령, "뇌 속 신경세포 860억개, 어떻게 세포 개수를 알아냈을까?", 〈매경프리미엄〉, 2018.2.12.

간명의 원칙

"전쟁원칙(기동, 지휘통일, 경계, 기습, 간명)", 희망의가지 블로그, 2014.10.09. 수정, https://m.blog.naver.com/kjprok/220145406948
무코야마 요이치, 한형식 역, 《아이들이 열중하는 수업에는 법칙이 있다》, 테크빌교육, 2012.12.28.

기억이 있어야 생각이 있다

"제럴드 에델만의 의식 모델 해석: 자아", 또자 블로그, 2019.10.04. 수정, https://m.blog.naver.com/cjswogudans/221668337281
제럴드 에델만, 《신경과학과 마음의 세계》, 범양사, 2006.05.15.
쓰는 것이 법이다

도널드 조핸슨, 이충호 역,《루시, 최초의 인류》, 김영사, 2011.11.28.

전승불복戰勝不復, 언제나 같은 방법으로 이길 수 없다

노병천,《도해 손자병법》, 연경문화사, 2001.02.28.
카를 폰 클라우제비츠, 김만수 역,《전쟁론》, 갈무리, 2016.10.09.
임용한, "전술적 실패의 결과 [임용한의 전쟁史]",〈동아일보〉, 2020.09.22

검이 짧으면 더 생각하라

임용한, "끊임없는 무기개량 로마軍 신화를 낳다",〈DBR〉, 2011.03

문과적 사고와 이과적 사고

"Papez circuit", wikipedia, last modified 9.Feb.2022, https://en.wikipedia.org/wiki/Papez_circuit

확률에는 불가능이 없다

윤신영, "생체 분자로 양자역학 '파동-입자 이중성' 첫 확인",〈동아사이언스〉, 2019.11.11
김춘수,〈꽃〉,《꽃》, 지식을만드는지식, 2012.01.10.

정복할 수 없다면 우회하라

노병천,《도해 손자병법》, 연경문화사, 2001.02.28.
카를 폰 클라우제비츠, 김만수 역,《전쟁론》, 갈무리, 2016.10.09.
안선혜, "광고 만드는 AI",〈더피알타임즈〉, 2018.06.27.

세 개의 눈

국조보감, 권30, 선조 24년, 국사편찬위원회 우리역사넷
미야모토 무사시, 노만수 역,《오륜서》, 일빛, 2011.02.21.

팩트의 감춰진 면까지 보아라

난중일기, 임진년 3월, 다빈치 지식지도

김훈, 《칼의 노래》, 문학동네, 2014.01.15.

한스 로슬링, 이창신 역, 《팩트풀니스》, 김영사, 2019.03.08.

서화동 "[책마을] '사실'에 눈감은 인간, 침팬지보다 어리석었다", 〈한국경제〉, 2019.03.07.

우리가 모르는 것을 가르치기

공자, 소준섭 역, 《논어》, 현대지성, 2018.10.01.

앙투안 드 생텍쥐페리, 황현산 역, 《어린왕자》, 열린책들, 2015.10.15.

조치훈, 《목숨을 걸고 둔다》, 민서출판사, 1981.01.01.

정아람, "인간이 AI를 배운다, 알파고 바둑 흉내내는 이창호·커제", 〈중앙일보〉, 2017.01.19.

박한식, 《평화에 미치다》, 삼인, 2021.06.25.

사용하는 단어가 나를 결정한다

노은정, "당신의 마음 속을 들여다 본다", 〈사이언스 타임즈〉, 2016.5.13.

끝에서 출발점을 다시 보라

킴벌리 커버거, 류시화 편, 《지금 알고 있는 걸 그때도 알았더라면》, 열림원, 2014.12.03.

타이밍을 넘어 템포로

김승호, "성공의 핵심은 적절한 타이밍", 〈BI코리아〉, 2016.06.06.

임용한, "나 자신을 뛰어넘을 사람은 나뿐이다? 아집이 가져온 천재의 몰락", 〈DBR〉, 2014.05.

홍성민, "미국의 채권왕 빌 그로스(Bill Gross)가 꼽은 스타트업 성공의 가장 중요한 요소", 〈더스타트〉, 2020.08.19.

타이밍과 템포를 내 것으로 만들어라

리드 호프먼, 크리스 예 공저, 이영래 역,《블리츠스케일링》, 쌤앤파커스, 2020.04.10

전문가의 다섯 가지 '때'

노병천,《도해 손자병법》, 연경문화사, 2001.02.28.

계산된 모험

앨런 액슬로드, 박희성 역,《패튼(PATTON)》, 플래닛미디어, 2020.09.10

주어진 시간을 가늠하고 관리하라

김대영, "[장서 산책] 다닐 알렉산드로비치 그라닌 '시간을 정복한 남자, 류비셰프'",〈시니어매일〉, 2022.03.21.

단번에 알아보는 힘

말콤 글래드웰, 이무열 역,《블링크》, 김영사, 2020.09.01.
질 볼트 테일러, 장호연 역,《나는 내가 죽었다고 생각했습니다》, 윌북, 2019.01.10.

보이지 않는 것을 보고 들리지 않는 것을 들어라

"신경 가소성", 네이버 지식백과, https://terms.naver.com/entry.naver?cid=61233&docId=5930049&categoryId=61233
BBC, "뇌발달: 인간의 두뇌를 바꿀 수 있을까?",〈BBCNEWS코리아〉, 2019.07.20

One Shot One Kill, 기회를 놓치지 말라

홍영식, "[천자 칼럼] '1개 중대 전력' 스나이퍼",〈한국경제〉, 2022.03.06.

오늘 밤, 당장 싸우더라도

장일현, "단순 결심만으로는 못 고치는 습관… 반복행동 일으키는 신호와 보상 먼저 찾아라", 〈위클리 비즈〉, 2012.11.17.

최소 예상선을 취하고 최대 상상선으로 나아가라

노병천, 《도해 손자병법》, 연경문화사, 2001.02.28.
조선왕조실록, 세종실록 151권, 지리지 전라도 나주목, 국사편찬위원회
"충무공전서", 경남도청 충무공이순신 페이지, https://www.gyeongnam.go.kr/index.gyeong?menuCd=DOM_000009303001002002

케렌시아를 가져라

헤밍웨이, 장왕록 역, 《오후의 죽음》, 책미래, 2013.05.30.

99도와 100도 VS 0도와 1도

김인수 "[매경 MBA] 직원에게 최고의 보상은 '탁월한 동료'", 〈매일경제〉, 2014.06.13

목표를 가슴에 품어라

이준희, "'쫄지 말고 대충 쏴'…안산은 경기가 끝난 뒤에야 눈물을 흘렸다", 〈한겨레〉, 2021.07.30.
전순용, "[골프칼럼] '쫄지 마! 대충 쏴!', 양궁의 안산 선수가 주는 교훈", 〈주간한국〉, 2021.08.09.

극단까지 몰아붙여라

조혜경, "아인슈타인 '일반상대성이론'의 탄생", 〈동아사이언스〉, 2015.11.23.
칙센트미하이, 이희재 역, 《몰입의 즐거움》, 해냄, 2021.05.05.

알게된 것을 삶의 비료로 사용해라

노병천,《도해 손자병법》, 연경문화사, 2001.02.28.

카를 폰 클라우제비츠, 김만수 역,《전쟁론》, 갈무리, 2016.10.09.

박종덕,〈지행의 괴리와 지행의 합일:도덕교육의 근본문제〉, 한국도덕교육학회지 vol.25, 2013

실패를 견딘 전략이 성공한다

도종환,《흔들리지 않고 피는 꽃이 어디 있으랴》, 알에이치코리아, 2014.06.23.

모르는 것을 머금을 때 실력이 된다

"공부는 전두엽을 키운다", 김영훈아카데미 포스트, 2020.12.30. 수정, https://naver.me/FCb56foE

절망할 때 실패한다

송태진, "춤과 노래로 슬픔을 이겨내는 케냐의 장례식",〈데일리투머로우〉, 2016.12.27.

자연엔 적응하고 공간은 극복하라

최성우, "호모 사피엔스가 살아남은 비결",〈사이언스타임즈〉, 2019.12.06.

결정적 지점, 결정적 결심 그리고 결정적 지식

카를 폰 클라우제비츠, 김만수 역,《전쟁론》, 갈무리, 2016.10.09.

에필로그

카를 폰 클라우제비츠, 김만수 역,《전쟁론》, 갈무리, 2016.10.09.

노병천,《도해 손자병법》, 연경문화사, 2001.02.28.

미야모토 무사시, 노만수 역,《오륜서》, 일빛, 2011.02.21.

후천적 프로페셔널
앞서 나가는 사람의 이기는 법칙 64

초판 1쇄 발행 2023년 1월 18일

지은이 나승용
펴낸이 박영미
펴낸곳 포르체

편집팀장 임혜원
책임편집 김선아
편 집 임혜원, 김성아
마케팅 손진경, 김채원

출판신고 2020년 7월 20일 제2020-000103호
전 화 02-6083-0128 | 팩스 02-6008-0126
이메일 porchetogo@gmail.com
포스트 https://m.post.naver.com/porche_book
인스타그램 www.instagram.com/porche_book

ⓒ 나승용(저작권자와 맺은 특약에 따라 검인을 생략합니다.)
ISBN 979-11-92730-15-8 (03190)

포르체는 여러분의 소중한 원고를 기다립니다.
porchetogo@gmail.com